心を空っぽにすれば、
人生はうまくいく

ヒマラヤ大聖者が教える

瞑想のすすめ

ヨグマタ
相川圭子

はじめに

多くの人が幸せや心の平安を求めて、一生懸命に学んだり、自分を鍛《きた》えたりしています。よりよく生きるための手立てや情報はたくさんあり、人は誰もが、そのベストを尽《つ》くして、それぞれの素晴らしい人生の体験をしていることでしょう。

ですが、そんな中にあっても、人はさまざまな不安を感じながら生きています。お金のこと、人間関係、家族、自分の才能や健康について心配したり、理不尽《りふじん》な社会に対して怒ったりと、不安をもって生きているのが実情ではないでしょうか。

なぜ、いつまでたっても、安心感や幸福感が得られないのでしょうか。本当の意味で満たされるためには、どうしたらいいのでしょうか。

じつは、あなたの奥深いところには、ダイヤモンドのような宝が眠っています。どんな人の中にも、幸福な人生を実現できる神秘の力が宿っているのです。そうです。どこか遠くではなく、あなたの中にこそ、すべての成功と幸せのカギが隠されているのです。けれども、ほとんどの人は、躍起《やっき》になってあらぬ方向に幸せを探し求めているようです。自分の心がわからず、そのうえ心が曇《くも》ってしまっているため、そのことに気づくことができません。心の曇り＝今までに蓄積されてきた思い込みが邪魔をして、その神秘の力にアクセスすることができません。

では、どうすればこの神秘の力にアクセスすることができるのでしょうか。それは、心を知り、その曇りを取り除き、心を〝空っぽ〟にすることによって可能になります。

そうは言っても、心を空っぽにすることは、普通に生活していては、なかなか難しいことです。だからこそ、それが容易にできるよう、皆さんとヒマラヤの恩恵を分かち合いたいと思い、この本を作りました。

あなたの奥深くに眠っている神秘の力への扉を開き、その力を得ていく知恵と実践の方法があります。それは、ヒマラヤ秘教《ひきょう》の教えと、その秘法瞑想《ひほうめいそう》です。

五千年の歴史をもつヒマラヤ秘教には、最高の神秘の力を得る教えがあります。それは、あなたの望むことを何でも叶《かな》える力を引き出します。神秘の力はあなたの中の深いところ、平和で愛と叡智《えいち》に満ちた清浄《せいじょう》なところに潜《ひそ》んでいます。

その力は普通の方法ではなかなか汲《く》み出すことができないものですが、ヒマラヤの恩恵をいただき、教えを実践することで、楽に汲み出すことができるようになります。

私は幸運にもヒマラヤの大聖者にご縁をいただきました。その大聖者に教えを受けて命がけの修行をし、究極の悟りの境地といわれる「サマディ」に到達しました。「サマディ」とは、最高の意識状態への進化であり、神我一如《しんがいちによ》になることです。私はその体験で、人々の意識を変容させ、運命を好転させる力を得ました。そして、さまざまな古今東西の癒《い》やしの療法とヒマラヤ秘教の教えを統合したのです。ヒマラヤの伝統の教えをさらに進化させて、誰もが効率よく、安全に行える実践の教えを開発しました。

それは、心と体を磨き浄《きよ》めて心の曇りを取り除き、気づきを深め運命を変えていきます。幸福と自己実現をもたらし、世界に平和をもたらしていくものです。

この本では、ヒマラヤに伝わる秘法瞑想のエッセンスを安全に体験していただけるよう、特別な誘導瞑想を音声データ（86ページ参照）にして収録しています。音声データを聴きながら瞑想を行うことで、心は空っぽになり、絶対的な安心感を体感することができます。ヒマラヤの瞑想の入門編として、あなたが真に幸福な人生を実現する一助になれば幸いです。

はじめに……1

第1章
あなたの求める幸せは、本当の幸せですか？

社会の価値観で生きていませんか？……10
苦しみでいっぱいになっている「心」……14
「本当の自分」について知りましょう……18
心とどんなふうに付き合えばいいのでしょうか……23
心に「気づき」がないと苦しみが続きます……27
エゴの願いと「本当の自分」の願いは違います……30

第2章

明るく楽しく幸せに生きる秘訣

心をきれいにするためにできること……36
もっと楽に生きていくために……44
ヒマラヤ秘教は幸せに生きる秘訣を教えます……47
私はこうして幸せに生きる秘訣を体得しました……50
ヒマラヤ聖者との出会い、そして厳しい修行へ……53
宇宙と人生を貫いている法則を学びましょう……59
「輪廻転生」とはどういうものでしょう……61
運命を超えるために瞑想しましょう……64

第3章 瞑想をはじめましょう

心を空っぽにすると、必要なことが見えてきます……70
欧米で瞑想を導入している会社が増えています……77
瞑想を実践すると、何が変わるのでしょう……80
瞑想のマスターとの出会いの必要性……84
瞑想を体験してみましょう――音声データの聴き方……86
体験記――ヒマラヤの秘法で、こんなふうに人生が好転しました
体験記1「仕事の質が飛躍的に向上し、妻も元気に」……98

体験記2「自分が軽やかに、自由になっていく」…… 102
体験記3「医師として多くの人に伝えたいこと」…… 107
体験記4「何があっても大丈夫という安心感に包まれて」…… 110
体験記5「子育てが楽になり、家族みんなで幸せに」…… 114

おわりに …… 120

新装版あとがき …… 124

本書は２０１４年４月刊行『瞑想のすすめ』の新装版で、内容を一部加筆修正および改題したものになります。さらに当時の「瞑想ＣＤ付き」を今回、「音声データダウンロード」形式に変更しました。

装丁　西垂水敦・市川さつき（krran）
本文デザイン　荒井雅美（トモエキコウ）

第1章

あなたの求める幸せは、本当の幸せですか？

社会の価値観で生きていませんか？

あなたは、これまで一生懸命に生きてきたことでしょう。幸せになりたいと願い、豊かな人生を歩みたいと思って、たくさんの自己啓発書や成功哲学の本を読んだり、さまざまなセミナーで学んだりしながら、自分自身を磨いてきたのかもしれません。

あるいは、いろいろな成功者や講師の講演を聴いたり、映像を見たり、直接教えを受けたりしながら学び、実践してきたのかもしれません。

いずれにしても、あなたは人生のさまざまな領域に満足できないでいるのではないでしょうか。そしてもっと何か学ぶべきことがあるのではないか、自分を幸せにしてくれるメソッドがあるのではないかと思っているからこそ、この本を手に取ったのでしょう。

あなたは、あなた自身を幸福にしてくれるだろうと思うものを求めて、ずっと歩み続けているのではないでしょうか。

でもここで、少し立ち止まって考えていただきたいのです。


あなたにとって、「幸福」とは何ですか？

あなたの求めている幸せとは、本当の幸せなのでしょうか？

手に入れればきっと幸せになれる、とあなたが思っているものは、本当にあなたを幸せにしてくれるのでしょうか？


今すぐ答えられなくても、大丈夫です。

不思議なことですが、多くの人は、真の幸福とは何かということを知りませんし、考えたこともありません。

もしかしたら、手に入れれば幸せになれるとあなたが思っているものの多くは、テレビや雑誌などのメディアを通じて、巧妙《こうみょう》に刷《す》り込まれた思い込みかもしれません。

あるいは、あなたの両親をはじめとする周囲の人々から教えられて、それらが自分を幸せにしてくれると信じているだけなのかもしれません。

言葉を換えますと、それは社会に洗脳《せんのう》されているような状態です。

人は子供のころから、親や先生、そして社会から教えられ、その影響をたくさん受け、世間のいろいろな見方や意見、主義主張に染められます。今まで受けた教育や見聞きしたことから、いろいろな考えが生まれ出てきます。あなたが今考えていることは、誰かのアイデアから来たものかもしれないのです。

しかし多くの人は、自分が他者の考えに染められているということにすら気づいていません。知らないうちに刷り込まれた観念を自分の考えのように信じ込んで、それを基準に物事に対処しています。そして心は自分の考えを正しいと信じ、その考えにこだわり生きています。

このように、自分の考えと信じていることも、じつは、ほかの誰かから与えられたものかもしれないのです。そしてそれは、それぞれの人の体験や民族の価値観から生まれた、限定された考えなのです。

今、もしあなたに苦しみがあり、それを何とかしたいと思っていたとしても、それは不幸なことではありません。苦しむことをきっかけに、気づきがあります。そこから脱するためのさまざまな模索《もさく》と解放があります。すべてのことは学びです。成長の肥《こ》やしとするチャンスが与えられたのです。

あなたを翻弄《ほんろう》し、あなたを染め上げている考えや思い込みは、それほど大切なものなのでしょうか。あなたは何を恐れているのでしょうか。何が不満なのでしょうか。物やお金や地位や名声といったものが特別なものであるという社会の価値観についてはどうなのでしょうか。それは、もちろんあればあったで素晴らしいものですが、それは変化するものであり、ずっと抱え込んだままではいられないものです。やがて消えゆくものです。

あなたが命をすり減らし苦労を重ね、時に何らかの犠牲を払って得るかもしれないもの、そうして躍起になってつかみ、溜《た》め込んだものは、ほんの一瞬の喜びや、心を満足させるものでしかありません。やがて死ぬときはもっていかれないものです。永遠のものではないのです。

真の幸福とは、何ものにもまさる永遠のものとの出会いで得られるものです。真の幸福は、あなたが心を浄めバランスをとっていくことで得られるものです。人格的に成長して知恵ある人になり、愛をもって豊かさをまわりと分かち合えることは幸せです。その結果、今まで追い求めていた外側のものは、自然に後からついてきて内側から満ちてくるのです。あなたの本質からの願いは自然に叶えられるようになります。

ですからまず、あなたの内側奥深くにある無限の愛や知恵や豊かさにつながることを学んでいくことが大切です。

苦しみでいっぱいになっている「心」

誰しも、生きていると、時に苦しむこともあるでしょう。お金のこと、仕事のこと、人間関係、将来のことなどです。あるいは後悔していることなど、常にさまざまな思いが去来《きょらい》し、心は働き続けています。

心というものは、それを適切に使うことができれば、創造性豊かにさまざまなものを生み出す力があります。心をもっている人間は、次々に未知のものを解明し、目覚《めざ》ましい文化を発達させてきました。社会にはおびただしい情報があふれ、人は幸せを求め欲望を膨《ふく》らませています。その一方で、心にはさまざまな刺激が入り込み、葛藤《かっとう》も生じています。

また心には記憶する力があり、欲望や執着の記憶は、時に同じものを引き寄せて満足を得ようとします。それはあたかも、同質のものをくっつけて離さない磁石のようです。あるいは、それは細胞が分裂して増殖していくようでもあり、心は興味のあるもの、好きな方向へと肥大《ひだい》して、年輪のように増えていくのです。心の欲望は決して満足することなく、常に何かを引き寄せたり拒絶したりし続けています。

そして知らずしらずのうちに、心の中にはいろいろな価値観、考え、思いが蓄積されていきます。誤解、勘違いや、それに伴う不信、不安、不平不満などです。こうしたさまざまな思いや感情が、ストレスとして溜め込まれていっているのです。まさに心の中が混乱している状態です。

この混乱こそが、「心の曇り」です。まるで、太陽の光を覆《おお》い隠す厚い雲のように、自分の奥底にある神秘の力を見えなくしているのです。

ある調査によると、人間の心の中では、意識しているものも無意識のものも含めて、一日に六万以上ものさまざまな思いが去来しているそうです。その大半が取るに足らないものであり、それが毎日繰り返されています。ですからよほど意識して心のお掃除をしていかないと、心の曇りがきれいになることはありません。

苦しみでいっぱいになっている心は、まるで嵐で波立つ海のようです。波のように、上がったり下がったりうねったりしているのです。

人は、苦しい心から離れようとします。お酒を飲んだり、たばこを吸ったり、体を使って遊んだりしてリラックスしようとします。また、苦しみにどっぷりはまらないように、泣いたり、わめいたり、怒ったり、嘘《うそ》をついたりするかもしれません。驕《おご》ったり、批判したり、黙り込んだり、しゃべりすぎたりもします。あるいは食べたり、はしゃいだりと、さまざまな手立てを講じて窮地《きゅうち》を逃れていきます。しかしそういうことを繰り返せば、また心をあちらこちらに使い、さらなるこだわりを作ることになり、そのことでさらに苦しくなってしまいます。

ここで、あなたに良い知らせがあります。心が嵐のような状態になっていたとしても、その嵐のような状態に同化せず、それを超然《ちょうぜん》と見つめている存在が、あなたの中にあるのです。

それこそが、「本当の自分」です。それは純粋で自由な、すべてに力を与える源《みなもと》の存在です。

本当の自分は、深い海のような静けさと無限の愛につながっています。そこは「純粋意識」と呼ばれる領域であり、あなたの本質であり、宇宙創造の源です。あらゆる可能性が存在し、あなたに無限の力を与えるところです。

人の本質は、もともと自由で、愛にあふれた豊かな可能性に満ちた存在です。その本質に還《かえ》り本当の自分になっていけば、無限の知恵とパワーを汲み出していくことができるのです。

このことを知ることなく、心に翻弄されている状態、心の言いなりになっている状態、心の欲望に振り回されて生きている状態は、「無知《むち》」の状態といえます。その状態を「無明《むみょう》」ともいいます。

ここでいう無知、無明とは、本当の自分を知らないということです。たくさん社会的なことを知り、仕事において専門的な知識をもっていたとしても、自分がいったい誰なのかを知らないなら無知なのです。心の欲望に翻弄されて、心を自分だと思っているとしたら、その状態は無知であり、無明なのです。それこそが苦しみのもとなのです。

無明の意味は、光が無くて暗いのではなく、「光はあるのだけれど、心の曇りが覆い被《かぶ》さって光が見えなくなり、暗くなっている」という意味です。

「本当の自分」について知りましょう

ここで、「本当の自分」について、もう少し詳しく見ていきましょう。それは本来、見えないものですし、形にできないものですが、イメージしやすいようにあえて簡略化した図で説明します。

次ページの図のように、光り輝く玉があると想像してください。これが「本当の自分」です。これは、誰の中にもある「魂《たましい》」（純粋意識）と言い換えることもできます。光り輝く「魂」（純粋意識）は、すべての創造の源である神とつながっています。つながっているので、神そのものでもあり、神の分身と言ってもよいでしょう。神、つまり創造の源から人間は送られてきました。そしてさまざまな体験を通して、成長していくのが人生です。しかし成長する一方、人間は欲望によって常に心と体にストレスを抱え、苦しんでもいます。

本当の自分とは?

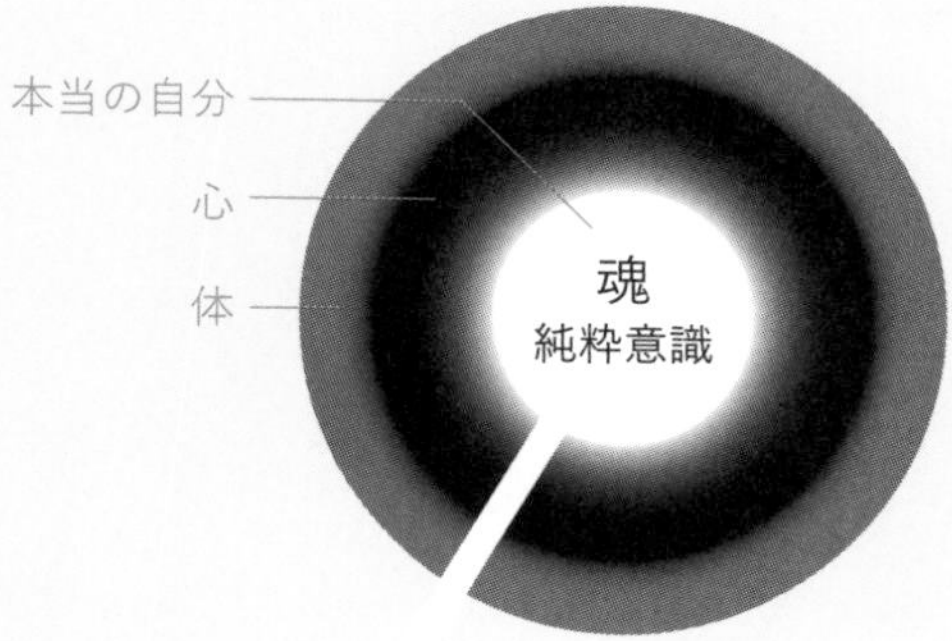

心と体に積もった汚れのせいで、魂の光は遮られています。

神
創造の源

キリスト教の聖書に、神によって創られた人類の起源を書いたアダムとイブの話があります。それは次のような話です。

アダムとイブという人間の最初の祖先は、神とともに自由な楽園にいました。しかし神が食べてはいけないと言った木の実を、悪魔の象徴である蛇《へび》にそそのかされて、食べてしまいました。その結果、裸だったアダムとイブに「恥ずかしい」という「心」が芽生《めば》え、体を隠すために木の葉をまとうようになりました。

この聖書の話は、純粋な意識が心の欲望に従《したが》ったことから好き嫌いがはじまり、苦しみがはじまったということを教えています。感覚の喜び、心の欲望がそこからはじまったという象徴的な話です。

人は、心をいただき、生きるためにそれを使い、常にそれとともにあり、心が本当の自分と思い込んでいます。心を道具として使うのではなく、心に自分が従っているのです。主従逆転です。つまり、主人である「本当の自分」を忘れ、道具である「心」そのものが本当の自分であると錯覚《さっかく》し続けているのです。

人は、さまざまな体験を繰り返し、心がそれを記憶し、また心の興味に応じてさまざまなものを取り込みます。このように、心を使うことで、本当の自分からどんどん遠のいていくのです。本当の自分＝魂は、心の曇りに覆われてしまいます。魂を、「私」という「エゴ」（自我意識）や、記憶、知識、心の働きや感情が覆い隠しているのです。

そして、心は創造の源とのつながりを見失い、それを意識することなく心の欲望を満足させるために生き続けています。

心から生まれ作られるものは、エゴの産物であり、宇宙的愛からのものではありません。

心は世の中に、より便利なものを作り出してきました。しかしその結果、競争したり、奪い合ったり、争いの絶えない世の中になってしまいました。心のエゴが生み出した社会で悩み、苦しんでいるわけです。

では、どうしたら悩みや苦しみから解放されるのでしょう。ヒマラヤの聖者はその答えを知っています。つまり心の曇りを取り除き、内なる光を取り戻せば、光の前に心の苦しみは消え去るということを知っているのです。

まず、無限の力をもつ「源の存在」を信じます。源、つまり中心に自分をつなげます。見えない部分の心と体の神秘な働きの理解とともに、あなたの源、本当の自分への理解を深めていきます。すると、人格的に成長して、知恵のある人になることができます。愛をもって皆と分かち合いができる人になることができます。

それは自分を利《り》するためだけのものではありません。自分の心がきれいになり、自分の無知がほどけて輝くほどに、まわりも浄化されて幸せになっていきます。それは本当の自分に出会っていく道です。そしてあなたは思いのままの人生を歩み、望む成功を得ることができるのです。

心とどんなふうに付き合えばいいのでしょうか

人生は、その人の一瞬一瞬の選択の集積です。たとえば「外を歩く」という行為をとっても、右と左どちらの道を歩くか、どこで立ち止まるか、何に目を向けるかなど、人は常に自分の心の思いに従って選択をしています。そして、小さな選択を積み重ねることによって、人は無意識に自分の人生を作り出しているのです。

何を選ぶかの判断は自分の過去の体験や情報から来ています。そこには好き嫌いや、損得という利己的《りこてき》な判断があります。その都度《つど》気持ちの良いことを選んでいます。たとえば、勉強が嫌いであり、ゲームを楽しんだりするほうが一時的に楽であれば、勉強よりそのゲームの楽しみを選択してしまいます。人は、目先の満足や心の満足、感覚の満足のための選択をしてしまうのです。こうした目先の判断は、その人やまわりの人々の人生にとってどうなのでしょうか。

感覚や心の喜びを追求することのみで、果たして将来実りある人生がもたらされるのか、ということです。大きく考えて、そうした選択で良い世界が築かれていくのか、ということです。

人生を、この世界をより良いものにしていくためには、まず、「気づき」を深めていくことです。そして今の選択が果たして良い選択なのか、気づいていくことです。気づくことで、利己的な自分の欲望に翻弄されない人になっていくことができるでしょう。

そのための最初のステップが、自分はいったい誰であるのか、を問うていくことです。この心は自分なのか、体は自分なのか、これは本当に自分が望んでいることなのか、ということを最初にしっかりと見つめることが大切です。

もう少し心と体について見ていきましょう。心は、常に刺激を受け、いろいろなリアクションをして喜怒哀楽のさまざまな感情を体験しています。またそれに反応して思ったり、考えたりしています。一方で体は、五つの感覚である視覚《しかく》、聴覚《ちょうかく》、味覚《みかく》、嗅覚《きゅうかく》、触覚《しょっかく》を通して見、聞き、味わい、嗅《か》ぎ、触れて外の世界を認識しています。体はさまざまな活動を行い何かを作り出したり、何かを手に入れたりします。

そうした体の動きを支配しているのが心です。心は常に感じ、考え、計画し、体にそれを伝え、体は行動しています。その結果、喜び、守り、欲しいものを獲得して一生懸命生きています。心はすべてを取り仕切っている存在です。

あなたにこんなにも大きな影響を及ぼしている心ですが、じつは、心は心のみでは生きることができません。心が働くためには、生命エネルギーが必要です。心を生かしめる存在が必要なのです。

では、生命エネルギーとは何でしょうか。それは、すべてを生み出す「源の存在」から生まれてきます。ですが、人はいつも心を働かせて、心を自分自身と思い込んでいます。そのために心を生かしめている源の存在に気づいておらず、本当の自分にも目覚めていません。

まず、こうした心の現状を理解しましょう。次に、意識を内側に向け、心の内側に気づいていきます。

そこに見えるのは、絶えず変化している心でしょう。あるいはエネルギーかもしれません。欲望によって常に働き、さらに曇りを作り、それがまた苦しみを作り出している心があります。人は苦しい心は見たくないし、感じたくないので、それを忘れるために何か楽しいことに逃げてしまいます。そのうちに心があることも忘れ、何も考えずに無知な行動をしていることもあります。そうしたことも踏まえると、心を知ることは苦しいことでもあるのです。ですから、心を見つめていくにもガイドが必要です。

心をどのようにしたらよいのか、どうすれば幸せになることができるのか、その答えがヒマラヤ秘教の教えにあります。それはあなたを実際に変容させることのできる科学的な教えです。どうしたら心が静寂になるかをガイドします。

あなたの中の神秘の力を目覚めさせることです。心の混乱を鎮《しず》め平和にすることです。暗闇を光に変えることです。エゴから愛になっていくことです。

まず、心の曇りを浄化します。そして何もない状態（空っぽの状態）にしていきます。心の中が何もない状態になったときに残るもの、心を超えてそこにあるものが、すべての源の存在、永遠の存在、変わらない存在、つまり生命エネルギーのさらに源、「本当の自分」なのです。

あなたがとらわれている心は「本当の自分」ではなく、「本当の自分」が使っている道具です。体も変化しています。体も、「本当の自分」ではなく、「本当の自分」が使っている道具なのです。そのことを理解していくことが大切です。

心に「気づき」がないと苦しみが続きます

人は、本当の自分を知りません。自分はいったい誰なのかを知りません。そして、心や体を自分であると思い込んでいます。

人はこの世界に誕生してからあまりにも長い間、心と体を使い続けてきました。だから何を見ても聞いても自動的に心は働きます。心がリアクションをし、無意識にすべてが行われています。あたかも心が主《あるじ》のようです。心がすべてをコントロールしています。本当は「本当の自分」が心を従わせなければならないのに、主従の関係が入れ替わってしまっているのです。

多くの人が心や体の言いなりになり、心が「あれが欲しい」と言えば、それを得るために努力します。体は、心の命令に従って動いています。あっちに行ったり、こっちに行ったり。怖いほうには行かないでしょうが、気に入った方向には足が向きます。おなかがすいたら食べ物を探しに行きます。

これらは無意識の反応であり、その動きに疑問すら感じません。そして、欲しいものや状況が得られるまでは満足できず、程度の差こそあれ不平不満をいだきます。すでにそれを得ている人がいれば嫉妬《しっと》し、あるいは自分にはそれが得られないと卑下《ひげ》したり、人と比較して落ち込んだりするのです。

手に入れたいという思いが強いと、どんな無理をしてでもそれを得ようとするでしょう。時には自分を痛めつけたり、人を傷つけたりしてしまうこともあるかもしれません。奪い合ったり、競争したり、あるいは国のレベルとなって戦争にさえ拡大してしまうこともあります。

欲は自分を守り生き抜くために必要なものです。大事な原動力です。人の役に立ちたいという思いも欲であり、それは肯定的な欲です。しかし、時にそれは独りよがりの欲になっていることもあるでしょう。

その欲の方向が、他人や全体の幸福ではなく、自分の都合や自分だけの満足に向かったときに苦しみや驕りが生じるのです。それは自己中心的な欲（我欲《がよく》）です。この我欲が人生にさまざまな問題を生じさせていきます。

我欲が、表面的には良いようであっても、やがて苦しみを生んでいるという事実に気づきましょう。すべての欲望は苦しみを呼びます。そして、その苦しみや痛みを感じるのもまた、あなたの心と体なのです。

ほとんどの人は、心と体が自分であると思っています。ですが、先にも述べましたように、本当の自分とは、心を超えたところにある源の存在です。それに出会わない限りは、いくら外側から満たしても、内側からは満ちてきません。なぜならあなたの心が求めている幸せは、表面的な幸せ、思い込みからの幸せ、あるいは心や感覚の喜びであり、本当の自分が求めているものではないからなのです。

それは心という、限定された記憶から発生する幻想の幸せです。心は、あなたに常に足りないものがあると言い、がんばらせます。心の深いところにある「あなたの本質」から切り離されているせいでやってくる欠乏感がそうさせるのです。

「本当の自分」は、豊かで、無限の可能性をもっています。それこそが宝の山です。そして人の生きる目的は、真の成長です。さまざまなことに気づき、最終的には本当の自分に気づき、やがてそのものと一体になる「悟り」を目指すことです。

どんなに心がいろいろなもので満たされても何かが満足できないのは、じつはこの目的に沿っていないからなのです。

エゴの願いと「本当の自分」の願いは違います

「エゴ」（自我意識）と「本当の自分」（純粋意識）は違います。エゴは、私、私という思いです。私のもの、私がやったという思いです。エゴは心の一部でもあります。何かの行為がエゴの自己防衛であると気づくことは、時に苦しみです。本当の姿を見ることは苦しみです。そしてそれを受け入れるには時間がかかります。誰もが自分で自分を守ろうと必死ですから、仕方がないことです。

真実は、エゴがあなたの人生の主人ではないということです。それに気づくとともに、修行をして心を浄化し、心をはずすのです。それが真の幸せを運びます。

あなたの本質は、エゴを超越しています。「本当の自分」は、恐れや不安がなく、自由自在で、何ものにも束縛《そくばく》されず、傷つけられることもなく、優劣の比較もなく、不足や欠乏感もありません。光り輝き、あらゆる意味で満ちあふれている存在です。

エゴの願いと「本当の自分」からの願いは違います。エゴは自分のことだけを考えますが、本当の自分は、個を超えた存在です。そして本当の自分になると、自分も他人も、そして世界も幸せになることを考えるのです。

多くの場合、エゴの願いは、まわりの人々や世界の幸せよりも個の幸せにとらわれています。エゴは、神、真理を遠ざけてしまいます。よく自己啓発や成功哲学の本に、強く願えば願望は実現するとありますが、うまくいっても長く続かないとか、必ずしもそうならないのは、それは自分勝手な心のレベル、エゴのレベルの願いであるからです。「本当の自分」は、エゴの願いを実現する手助けはしないのです。

利己的な心からの願いには、調和がありません。そのため、願いが叶ったとしても、その後バランスをとるために、いつか反作用の力が働いていきます。

自分の願いを、エゴの願いではない本当の自分からの願いにしていくためには、まず、知恵ある人に成長していくことが必要です。知恵は心の曇りの奥から湧《わ》き出てくるものです。何をするにしても気づきをもって行動します。その行為を見つめます。その行為を自己中心的な願いや動機から行うのか、それともまわりの人や世の中を幸せにするために行うのかを見つめるのです。

知恵ある人になるための、もっとも尊《とうと》いやり方は、本当の自分、つまり源の存在＝神とのつながりを強くしていくことです。そうしてパワーと安心をいただき、さらに知恵をいただくことができます。ただし本当は源の存在にダイレクトにつながることはできません。それと同じクオリティの橋が必要です。その橋になれるのが悟りを得たヒマラヤ聖者です。そしてあなたはエゴの欲望に振り回されなくなり、中心にいることができるようになるのです。

とはいっても、本当の自分とのつながりが強くなるまでは、何が正しくて何が間違っているかはわからないものです。自分の心に曇りがあると、正しい判断ができなくなるのです。自分の思い込みの価値観が正しいと思ってしまいます。

正しい判断をするためには、瞑想をして心の曇りを取り除いていく必要があります。心が浄化されると本当の自分に近づいていきます。あなたの願いが純粋な願いになるようにするためには、さらに瞑想を進めていきます。

あなたの内側を浄化していく瞑想は、あなたを内側から輝かせていく行為です。

静かに自分を見つめます。瞑想という浄化の旅で、今まで外に向いていた意識が、次第に内側に向くようになります。そして、今まであった心のありように気がついていきます。それは神秘の働きであり、見えてくる汚れもじつは宝です。それが落とされるときに何であったのかがわかる、あなたに深い気づきを与える学びの宝です。

そして、「エゴの願いではない、深い魂の願いになりますように」と、祈るとよいでしょう。

第2章

明るく楽しく幸せに生きる秘訣

心をきれいにするためにできること

明るく楽しく幸せに生きていくためには、あなたを不幸にしている心の中の汚れや曇りをお掃除することが必要です。また、これ以上、心にそれを増やさないようにする必要があります。まずは日常生活で実行可能な心がけをお伝えしましょう。

1. 自分を責めず、自分を許しましょう

これは、とても大切なことです。幸せな人生を送るためには、生命力の消耗を極力避け、生命力そのものを高めていく必要があります。自分を責めることは、じつは生命エネルギーをかなり消耗してしまいます。

ですから、自分を責めるのをやめ、自分を許すことを学びましょう。自分を愛し、まわりのすべてに感謝するように心がけます。

自分の中の嫌な面を見たとき、それは心のお掃除のチャンスと思いましょう。その嫌な面は、今まで溜め込んでいた汚れや曇りが浮上してきて、溶けていく姿だととらえます。そして、そういう自分の嫌な面に気づいて、あるがままを受け入れ許し、愛していきましょう。

2.人の喜びを自分の喜びにしましょう

自己中心的なエゴの喜びは、偽《いつわ》りの喜びです。魂が喜ぶものではありません。自分の才能と豊かさを分かち合い、人を幸せにする喜び。これは、ただ単に自分のために何かを得るというエゴの喜びではありません。

人の喜びを自分の喜びにすることは、計り知れない慈愛《じあい》であり、気高《けだか》い生き方です。この慈愛が世界に満ち、多くの人が幸せになれば、心は浄化され、世の中に平和と幸福が広がります。

3. 怒りの本質を理解し、手放していきましょう

怒ることは、自分の苦しみを解放する手段でもあります。しかし、怒ると血液中に毒素が発生するという研究報告もあります。血圧が上がり、心臓にも負担がかかります。怒ると、怒った本人が、その怒りから発生する毒素に害されてしまうのです。

また、外に発した怒りのエネルギーは、いずれ自分に返ってきます。怒りを相手にぶつけると、反感や相手の怒りを引き起こしてしまい、負の影響は大きくなるばかりです。いつも怒っていると、怒りが癖になって本人の中で怒りにスイッチが入りやすくなります。そして怒りのエネルギーを増幅させてしまうのです。

とはいえ、頭でわかっていても、人生は思い通りにはいかないことのほうが多いものです。怒りは湧いてきてしまいます。こんなときはどうすればいいのでしょうか。

怒りのエネルギーは、「気づき」をもってそれを見つめることを通して、鎮めることができます。怒りは、自分の価値観に縛られ、自己防衛から生じるものが多いのです。怒りのエネルギーを、気づきを通してクリエイティブに使えるように変換していきましょう。

一つの方法として、怒りを覚えたら、数を5から、4、3、2、1、0と数えてくださ

い。怒りが鎮まっていくでしょう。

もし誰かに怒ってしまったら、怒る自分を許し、そのままの自分を受け入れましょう。さらに一歩進んで、自分を怒らせてくれた相手にも感謝しましょう。なぜなら、この出来事を通じて、自分のエゴとこだわりの心を解放する機会をいただくからです。この感謝と気づきが自分を変えてくれます。

4.人と比較するのをやめましょう

私たちは子供のころから、いろいろな人や状況と比較され、評価されて育ってきました。そのためそうした思考習慣が染みついてしまい、ついどんなことでも比較してしまいます。

誰でも、年収、学歴、地位、容姿、所有しているものなどを無意識のうちにチェックし比較している傾向があるのではないでしょうか。常にエゴの心が比較を行い自分の立ち位置を決め、優越感を覚えたり落ち込んだりしてしまうのです。

心は常に働いて何かと比べて理解します。その結果、安心したり、戦おうとしたりするのです。この心の性質を理解し、心を成長させていく必要があります。心を浄化して、さらにはそれを超えていきます。そうすると、屈折しない心で平等に見ることができるようになります。

今はまず、比較している自分に気づいたなら、そういう自分を許し、受け入れます。さらにそうしている相手も受け入れていき、その人の幸せを祈ります。これが心に翻弄されずに生きていく、悟りへの道の第一歩です。

5. 人を変えようとするのをやめましょう

多くの人が自分の主義主張や流儀《りゅうぎ》が一番正しいと思っています。それゆえ、他人を変えようとしたがります。たとえそれが善意からであったとしても、人は反発するものです。あなた自身の体験からも、それは理解できると思います。自分が信頼している人からの言葉であっても、心の中で反発することがあるでしょう。

人は誰しも自分が正しいと思っています。でも、自分が正しいという独善的なこの思いこそがエゴであり、そのエゴゆえにこの世には争いが絶えないのです。

人を変えようと思っても、人は変わりません。だからこそ、まずはあなた自身が変わることです。自分の心を浄め、平和になり、自分自身が変わっていけば、その平和な波長に相手も同調して、深いレベルから変わっていきます。

「類は友を呼ぶ」と言いますが、まさにその通りで、人間は同じ波長の者どうしが引き合うのです。自分がステキな人に変われば、あなたのまわりに集まってくる人は、ステキな人ばかりになります。

6．祈りましょう

私たちは、何生《なんしょう》もの生まれ変わりの中で、さまざまな体験をしてきました。その体験はすべて記憶となって、心と体に刻まれています。そしてその記憶の中には、成し遂げられなかった欲の心も潜んでいます。

自分でも気づかずに、自分や他人を傷つけてしまったことや、悲しみ、怒り、責める心、驕りの心が染み込んでいて、自分を苦しめています。それらはすべて自分が作り出したものです。祈れば、まずはそれに気づきます。

もとは純粋であった心と体をエゴによって曇らせてしまったことを反省します。そして、自分を送り出してくれた源の存在にお詫びする祈りを捧《ささ》げるとよいのです。また、生かしていただいていることに感謝をします。いろいろな出会いで揺れ動く心も、すべては学びと受け取ります。

このように混乱したあなたの気持ちを整理するために、源の存在、つまり、すべてを知っている神への祈りが必要です。

人は昔から、自分の至らなさをお詫びしたり、さらに力を貸していただくために、自分より大きな未知の存在である神に祈ったのです。

そして祈りは、あなたの心を浄化します。あなたは祈りを捧げることで、神につながり、功徳《くどく》を積むことになります。あなたの願いが叶えられると心が平和になります。ただし、曇った心、利己的な心で祈っても願いは叶えられず、また叶えられたとしても、後に心の曇りを作り出してしまうことがあります。祈りは純粋な心で行わなければなりません。

捧げる祈りには、小さな願いから、より大きな願いまで、さまざまなものがあります。自分のための祈り、先祖のための祈り、家族のための祈りがあります。世界の平和のための祈りもあります。

祈りを捧げることは、心を浄める行為であり、良いエネルギーを蓄積する行為です。さまざまな災《わざわ》いを防ぐことにもなります。エゴからの願いではなく愛からの願いを後押しするものです。そして祈りを行うことで、瞑想がより深いものになっていきます。

ヒマラヤ聖者のサマディ（悟り）からの祈りはパワフルです。さまざまな願いを成就させ幸運を呼び寄せ、幸せがまわりに伝播《でんぱ》していきます。

私《ヨグマタ》からあなたへ祈りを捧げます。信じる心と尊敬の気持ちをもって、あなたもすべてを創り出す源の存在、神に意識を合わせてください。至高なる存在、目に見えない存在を信じます。

すべては神によって創られた存在です。
すべての存在に感謝します。
すべての人に感謝します。
すべては成長への気づきの学びです。
感謝します。

あなたに神の加護がありますように。
あなたが真の成長をできますように。

もっと楽に生きていくために

あなたが幸せになるために行ってきたこと、それは一生懸命にがんばるということかもしれません。しかしそれは、まるで目を閉じて宝物を探し回っているようなものです。

盲信《もうしん》してがんばること、それはエネルギーの無駄づかいです。自然に幸せでいられるように、宇宙の力を利用しましょう。

あなたがすべてを解決する無限のパワーを手に入れることができたなら、どんなにうれしいでしょう。あなたはヒマラヤの教えを実践することで、すべてを知る源の存在につながります。信頼でその力を引き出し、その力をいただきながら生きていくことができるようになります。

羅針盤《らしんばん》を手に入れ、安全にパワフルな航海をしていくことになるのです。そこから安心をいただいて、お任せすれば、すべてがあなたの望む方向に進んでいきます。あなたの必要とするものが事前にあらゆる方向から集められて、準備が整っていきます。自分の欲が入ると、大きな視野で物事を見ることができません。どうしても守りのほうに入っていってしまいます。

大きな視点から見て、あなたはどう振る舞うといいのでしょうか。まず、自分が気持ちよく、また相手も喜ぶものをシェアしましょう。相手に親切にしたり、相手を尊敬したりします。相手のいいところを見て信頼します。すると相手は喜び、その波動《はどう》がまわりに伝わるでしょう。やがてその肯定的な意識の広がりは、幸運を呼び寄せていきます。

あなたは、あなたの源にある大いなる意識につながってすべてを任せます。そうすると、エゴが落ち宇宙的愛の心で動くことができるようになります。それは無限のパワーにつながっていくことでもあります。あなたの心には何の疑いもありません。源の存在を信頼し、感謝をすること、それが秘訣です。

こうして本質につながって生きていくことが「守られた生き方」です。新しい生き方なのです。あなたの心と体と願いが宇宙と一体となって、楽に生かされていくのです。

世間には幸福を求め成功するための多くの教えがあります。そこでは暗示をかけたり、競争したり、心を強めてがんばっていく方法が一般的です。その中では常に作用反作用の法則によって、行こうとするエネルギーには必ず引き戻そうとするエネルギーが働き、また休もうとするエネルギーには活動させようとするエネルギーが強く働くため、活動が鎮まりません。

一定期間動いたら、もちろん休まなければなりません。多くの人は、休まなければならないときに活動しているので、そのシステムが混乱しているのです。源の力と知恵とのつながりをもっと強めていかなくては、エゴの思いがあなたを混乱させてしまいます。

私たちは一生懸命に生きてきました。でも、もうひとりでがんばって生きる必要はないのです。宇宙の叡智であるヒマラヤの恩恵は、自然にあなたを助けてくれます。その第一歩がヒマラヤ秘教の教えと秘法瞑想の学びです。秘法瞑想は段階を追って、あなたの内側を整え、力を引き出してくれます。余計なものをはずして、源に出会う回路の絆を深めると、必要なものに出会えて、運命が変わっていくのです。

あなたはサレンダーし（明け渡し）素直になり、あるがままの状態を受け入れていきます。見えない存在を信じることで、自然と源の無限のパワーと知恵と愛の恩恵をいただけ、やがて本当の自分になっていくのです。

ヒマラヤ秘教は幸せに生きる秘訣を教えます

ヒマラヤの恩恵とは、ヒマラヤ五千年の歴史の中で、歴代のヒマラヤ大聖者たちが遺《のこ》してくださった、愛と叡智と祝福の遺産です。

この教えは、神という最高の存在、すべてを創り出している源の存在に出会っていきたいという願いからはじまりました。神秘の力を得たい、この世界を知りたいという願いです。

自然には、素晴らしい知恵があり恵みがあり、すべての存在はそこから生まれ生かされています。ヒマラヤ聖者は、小宇宙、つまり人の心と体と魂の中に、神秘の力、宇宙のすべてがあると気づきました。そこに焦点を定め、そこを深く体験し、理解して、進化しました。やがて意識を覚醒《かくせい》させ、神の知恵を得て、神のような意識によって自分で自分自身をコントロールしていったのです。自分の源のところに何があり、どうして生きることができるのか、なぜ考えることができるのか、なぜ苦しみがあるのかということを悟ったのです。現代の科学も解明できない未知の深い生命の知恵と真理を悟ったのです。そして、あらゆる束縛から自由になることができたのです。

このような境地に至るためには、自分の奥深くにある本質、「本当の自分」とのつながりを育《はぐく》んでいくことが大切です。それが、サマディへの道、源の存在である、本当の自分にさかのぼって還る道です。そのためのメインの修行がヒマラヤシッダー瞑想です。

「サマディ」と呼ばれる究極の意識状態（悟り）に到達した存在を「シッダーマスター」あるいは「サマディヨギ」と呼びます。歴代のヒマラヤ大聖者は、皆シッダーマスターであり、サマディヨギです。

シッダーマスターは、サマディに達し神我一如となった存在です。自分が、その源に体験的に没入することで真理に至り、本当の自分となったのです。シッダーマスターは、宇宙を創造した神と人類のかけ橋となって、神の恩寵《おんちょう》であるブレッシングを人々にもたらすことができる存在です。

あなたはシッダーマスターからのブレッシングをいただくことによって、目には見えない深いところから浄められ、愛の人、平和の人、幸福の人に変容して幸せになっていくことができます。

またヒマラヤに伝わる各種の秘法瞑想や教えをシッダーマスターによる伝授と指導のもとで実践することにより、あなたの内側が目覚め変容できます。さらに守りをいただき、知恵をいただいて、才能を伸ばしてクリエイティブに生きていくことができます。

シッダーマスターと出会い、ブレッシングをいただくということは、奇跡ともいえる素晴らしい出来事です。日本にいてはもちろんのこと、インド、ヒマラヤに赴《おもむ》いたとしても、よほどの情熱と過去生からの良いカルマ（60ページ参照）がなければ、叶うことはありません。

私はヒマラヤで命がけの修行をしました。そして自分自身が変容し、究極のサマディに達し真理になったのです。そして、シッダーマスターとなったことで、日本でこうしてあなたに知恵を伝え、ブレッシングを分かち合うことができるようになりました。

このことは本当に尊いことです。あなたに早く幸福になれる道を知って、信頼して歩んでほしいのです。次節では、ヒマラヤ聖者に出会い、伝説の大聖者に弟子入りして修行をはじめるに至るまでの私の人生についてお話しします。

私はこうして幸せに生きる秘訣を体得しました

　私は、十代のときから少し体が弱かったので、健康法や食事法などを研究する中でヨガに出会いました。体を動かして自分を見つめるというのが、自分の性格に合っていたのですね。さらに体だけではなく、心を見つめていくところに魅了されたのです。ヨガや瞑想は、今でこそ洗練された趣味として広く社会に受け入れられていますが、当時はまだ、ヨガや瞑想とそれらの背景にあるスピリチュアルな世界観は、なかなか理解してもらえませんでした。ですから、肩身の狭い思いをしながら、密《ひそ》かに研究生活を続けたものです。

　ヨガを続けていき、体の調和をはかるための動きや、自然治癒力《ちゆりょく》を高めることなどを研究していきました。さらには「自分の心とはいったいどういうものなのか」という探究心が芽生えてきました。どうしたら心を平和にできるのか、リーダーシップを養えるのか、あるいは素晴らしい人格になれるのか。そうしたことを探究したり、東洋医学や食養のリサーチをしたり、ヨガの動きとは違う体の動きのメソッドやさまざまな癒やしの研究をしていきました。そうした総合的なヨガを実践していると体もすごく元気になるし、どんどんいいことが起きるので、楽しくて仕方ありませんでした。

そして、自分の学びと体験をベースにヨガを教えるようになり、やがてそれが反響を呼び、デパートや新聞社のカルチャーセンターなどにも請《こ》われて、たくさんの人に教えることになりました。

最初から教室を大きくしようということは考えていませんでした。しかし結果として全国で五十以上の教室やカルチャーセンターで教えることになり、私のヨガは「相川ヨガ」と呼ばれるようにもなりました。

人に教えるからには、もっと自分を高めなければ、以前にも増してヨガ以外の学問も探究していきました。心と体の関係を知るために、各種健康法や療法、気功、ダンスも学びました。日本式の禅を学んだり、インドに毎年旅をして各地のヨガ道場で瞑想をしたりもしました。

人をどうしたら幸せにできるのか、その研究を深めていきました。また自分の心の微妙な動きにも気づき、心の仕組みがわかってきました。それは、行動の前に「心」の働きがあり、それに沿っていろいろなものを引き寄せている。自分の心がすべてを作り出すということです。

他人や親や環境、あるいは社会に原因があることもありますが、自分に原因があることも多いのです。幸せになるためには、自分を変えることだと気づいたのです。

さらに西洋的な療法を学ぼうと、ニューヨークやカリフォルニア、ロンドンなどに度々《たびたび》出かけ、ニューエイジの心理療法やセラピー、ヒーリングなども学びました。けれども、学べば学ぶほど、知識や教えに矛盾するものが出てきて、混乱を招くのみだということもわかったのです。

そして単なる健康法としてのヨガではなく、「宇宙の理《ことわり》を示す教え」、また「意識の科学」としてのヨガの研究を本格にやりたいと願うようになっていきました。

そこで、ヨガと瞑想のルーツであり、それらの奥義《おうぎ》が伝わるヒマラヤの教えに究極の答えを求めました。そしてわかったことは、ヒマラヤの教えは宇宙の真理に至る実践的な教えであるということです。それは宇宙の創造の源に達して、宇宙の真理を知るための実践的修行体系であり、宇宙と一体となるための意識科学の体系なのです。悟りの科学です。サマディの科学です。

だからこそ私は、ヒマラヤの偉大な聖者との出会いを渇望《かつぼう》しました。そして、ついにそのチャンスを得たのです。

ヒマラヤ聖者との出会い、そして厳しい修行へ

私がヒマラヤとのご縁をいただいたのは、ある偉大な聖者との出会いを通じてでした。

パイロットババジという、インドでは高名なヒマラヤ聖者が、日本のテレビ局からの招聘《しょうへい》を受け、ある番組に出演されることになり、その番組の中で、「アンダーグラウンドサマディ」を行うという企画がありました。それは、世界平和のために、地下《ちか》窟《くつ》の中にて神と一体になる「サマディ」という究極の意識状態に没入して、三日後に復活するというものです。このためテレビ局が、パイロットババジのコーディネートができる人を探していました。

当時私は、東京を中心に全国各地のカルチャーセンターでヨガの教室を主宰し、多くのインストラクターを育成しつつ、生徒の皆様に幸せになるための心のもち方、体の作り方を指導していました。これらの実績が認められ、テレビ局からヒマラヤ聖者

のコーディネーターとしての仕事の依頼が舞い込みました。こうして私は、パイロットババジにお会いすることができたのです。

パイロットババジは私を見て、稀有《けう》なカルマの持ち主である、と直観され、私を「ヒマラヤに来て修行をしないか」とお誘いくださいました。

そのときの私は、日本におけるヨガの先駆者としてたくさんの教室と生徒をもっていました。社会的には成功し、満たされていたのですが、普通なら躊躇《ちゅうちょ》したかもしれないヒマラヤ行きを選んだのです。長年、真理を探究して道を究《きわ》めたいと思っていた私は、教室などの仕事を人に任せ、すべてを手放して行く覚悟を決め、東京という都会の真ん中から、本当に何もない、標高五千メートル以上の極寒のヒマラヤ秘境、自分と対峙《たいじ》するしかない地に赴きました。

ヒマラヤの地でパイロットババジは、自分のお師匠《ししょう》様である伝説の大聖者ハリババジと私を引き合わせてくださいました。ハリババジは私を祝福してくださり、さらに私はヒマラヤでの厳しい修行へと入っていきました。

厳しさと美しさのある秘境の大自然と向き合い、そしてそこですべてを浄めていきました。そしてついに静寂の中での生死を超える深い瞑想から「サマディ」に達し、究極の悟り、真理を体得することができました。

それは言葉で言うと簡単に聞こえますが、何年もの本当に厳しい修行を経てのことです。私は長い間、ヒーリングやヨガ、その周辺の心身療法、禅などをやっていた背景があり、準備が整っていたので、このような厳しい修行に臨《のぞ》むことができたのです。

サマディへの変容の旅は、何ものにも代えがたいものでした。私は修行をし、サマディを体験し、自分はいったい誰であるのかを真に理解し、やがて「本当の自分」になりました。心と体を超えて、死を超えて、真の自己と一体になり、さらに神と一体になりました。それはすべてからの解放であり、真理を知ることであり、愛に満たされ、深い平和の中にあるということです。そして、すべてを知ることができました。

私のすべてが変容し、時間と空間を超えて究極のステージに到達しました。シッダーマスター、サマディヨギとなったのです。そして、偉大なるヒマラヤ大聖者から認められ、ヒマラヤの家族となり、ヒマラヤ秘教の正統なる継承者となりました。

そしてその後約二十年にわたって、毎年一回インドの各地や、クンムメラと呼ばれる聖者の大祭で、世界平和と人々への愛の祝福と真理の証明のために、「アンダーグラウンドサマディ」を公開で行ってきました。密閉された地下窟で神我一如となる究極のサマディに四日間没入し、復活するという行《ぎょう》を行ったのです。その途上インドのスピリチュアル協会から、「偉大なる宇宙のマスター」という意味の、「マハ・マンダレシュワル」の称号をいただきました。

以上は、私が歩んできた道です。あなたが同じような厳しい道を歩む必要はありません。命がけの修行は私が行いました。

シッダーマスターとなった私は、人に祝福を与え、「サンカルパ」と呼ばれる神聖なる意思の力で、人を変容させるサポートをしています。それは、祝福の知恵と愛とパワーにより、すべての人の心と体を変容させ、進化させていくのです。

変容とは、本来不可能な内側からの変化であり、不純なエネルギーが消え、純化して、クオリティが高まることです。まるで、炭素系の物質が自然の熱と圧力で、何十億年もかけてダイヤモンドに変容するようなことです。そうした変容があなたの中に最短で起きていくのです。

究極のサマディを成就したシッダーマスターは、「アヌグラハ」という神の恩寵を放ち、そこにいるものを祝福します。アヌグラハとは、サンスクリット語で「至高なる神の恩寵」、あるいは「師からの恩寵」という意味の言葉です。シッダーマスターのタッチにより、また目から、言葉から、その存在そのものから、アヌグラハの恩寵が注がれ、変容が起きるのです。

それは時空間を超えて届きます。この本に書かれている言葉や本そのものに、アヌグラハの恩寵が込められています。それがあなたの見えない混乱やこだわりを解放して、苦しみを溶かすでしょう。

私は、はからずもサマディに到達したことで、真理となり生命科学を深く知りました。そしてどのように生きたら幸せになるのか、どのように心と体を使ったら成功できるのか、そうしたことがわかり、皆さんを幸せにするガイドができる存在となったのです。

それはもともと私が望んだことではありません。ただひたすら真理に出会いたいと願って修行をした結果として与えられた力です。ですから、私のお師匠様であるハリババジは、この悟りの教え、真理の教えを人々に分かつ義務があるとおっしゃり、私が日本に戻って多くの方々を祝福するようにと諭《さと》されました。そして私は、このように普通の人とは違う新しい生き方を歩むことになったのです。

私が今、日本を拠点として活動しているのは、こうした理由によります。あなたに少しでも早く楽に、本当の幸せを得てほしいと願っています。さらには、真理に出会って究極の悟りを得てほしいと願っています。

世の中で一生懸命生きているあなたに、見えないところの内側の真理を知って、知恵ある生き方をしてほしいのです。自分の表面的な幸せと豊かさのみではなく、心身を浄化して気づきを深め、より進化した人間性を完成させていくのです。それは、あなた自身が自由になり、真に幸せになっていくことです。さらには人々の幸せへのお手伝いをしていく人になっていただきたいと願っているのです。

あなたが本当に素直にそれを望み、信頼するならば、「アヌグラハ」があなたに届けられ、内側が美しく変容しはじめていくことでしょう。

宇宙と人生を貫いている法則を学びましょう

心が働く様子を物質のたとえで説明してみましょう。壁にボールを投げつけると跳《は》ね返ってくるように、この宇宙には作用反作用の法則があります。私たちの人生においても、それが思いであれ行為であれ、誰かに対して投げかけたものは、それを相手が受け取り、またそれを返してきます。

もし、自分が誰かに対して怒ったとすると、その人はその怒りに対して、何らかの反応をします。そのとき即座に反抗したり、反撃したりしてくるかもしれません。あるいは、反撃してこないかもしれませんが、相手は悔《くや》しいという思いをもつかもしれません。

幾度《いくど》かそうしたことが繰り返されると、相手の悔しいという思いも大きくなり、ある日突然激怒して、仕返しをしてくるかもしれません。

物理学でいうエネルギー保存の法則、そして作用反作用の法則は、人間の思いや行為にも働いています。自分が与えたものは、必ず返ってくるということです。

それがその人生の間に返ってくるとは限りません。次の人生、あるいはまたその次の人生で返ってくることもあります。いずれにせよ、自分が発したものは、いつかまた返ってくるわけです。

これをカルマの法則といいます。「カルマ」という言葉は、「行為」という意味です。人は、心に欲望が浮かぶと、その欲する品物や状況を得るために、行動を起こします。その結果、得られなかったときは、その欲望が満たされなかったという未練の気持ちが残ります。

その思いが残っているということは、またいつかそれを手に入れたいと思うということであり、その行為は繰り返されていきます。また、得られたときでも気づきがなく無知であると、一度味わった体験の気持ちよさが執着となっていきます。そしてそれをもっと味わいたいと、その体験を繰り返し追い求めていくのです。その結果、やがて破綻してしまうことにもなりかねません。

人の思い、言葉、さらに行動は、バイブレーションとなって、宇宙空間に記憶されていきます。そしてその思いと行為が完結せず、執着の思いが残っていると、完結しようと繰り返される行為となって返ってくるのです。

「輪廻転生」とはどういうものでしょう

カルマについて、もう少し詳しく見ていきましょう。第1章でも述べた通り、人はもともと純粋で光り輝く存在ですが、そこに心の磁石的な性質によってカルマやエゴがくっついて、その人の「人となり」を形成しています。そしてカルマやエゴがくっついた心と体を「自分」であると思っています。その心の願いの働きに翻弄され、喜んだり悲しんだり、成功したり失敗したりと、上がったり下がったりの人生を歩んでいます。

つまり、人は心の願いから行動をし、その結果、成功や失敗などさまざまな体験をします。その体験とそれに伴ううれしさや悲しさなど、すべての印象は記憶となってこの心と体に刻まれていっています。さらには宇宙空間にも記憶されています。

人は死ぬと肉体を離れ、再びカルマの願いで体を得て生まれてきます。この生と死の繰り返しを「輪廻転生《りんねてんしょう》」といいます。人は今の人生だけではなく、膨大《ぼうだい》な数の過去生を生き続けて進化してきました。過去生を生きる中での体験の結果も記憶され、積み重ねられて、今のあなたの形成に関わっています。

これらの記憶の集合を「カルマ」ということもできます。それらの人生の間で満たされなかった欲望は、次の人生に持ち越されていきます。輪廻転生は、過去の記憶と満たされなかった願いを叶えるための連鎖によって続いてきたのです。その繰り返しは、あなたが「本当の自分」と再び一つになるまで続き、あなたを翻弄し続けるのです。

ある行為の結果の印象は記憶され、それをもとに次の行為が生まれてきます。何かに失敗した体験があると、同質の何かに出会ったときに、それが刺激となって記憶がリンクして活性化し、また同じ過《あやま》ちをしてしまうことがあります。これはカルマが繰り返しているといえます。たとえば、一度別れたのに、また同じような人を好きになってしまうという場合は、記憶があるために同じパターンを繰り返しているわけです。

カルマを積極的に浄めていくにはどうしたらよいのか、歴代のヒマラヤの聖者は研究しました。カルマを浄めるには、「知恵の道」と、「愛の道」と、「生命エネルギーの道」があります。

知恵の道は、知恵と気づきによって、カルマのエネルギーから解放されていく道です。これは頭にあるセンターに対応します。

愛の道は、愛を育むことによってカルマを浄化していきます。神への愛によって高次元のエネルギーと一体になり、カルマの分子を分解して溶かし、解放していくのです。これは胸にあるハートのセンターに対応します。

生命エネルギーの道は、おなかにある火のセンターと関わりがあります。火は燃えて固体のカルマを気体に変えます。カルマという分子を燃やし、高い波動に変容させていくことができるのです。窯《かま》で火を燃やすように、おなかの火を修行で作り出し、肉体の中に染みついたカルマの分子を燃やしていくことで、カルマから解放されるのです。

それぞれ、頭、胸、そしておなかにエネルギーのセンターがあり、そのセンターに関わる行為を通してカルマが浄化され、解放されていきます。その人のキャラクター、進化の違いに応じて、マスターは、その人に合ったものを秘法として伝授していきます。

運命を超えるために瞑想しましょう

カルマは人間の運命を決定づけている因子《いんし》であるともいえます。では、このカルマの影響を超え、運命を超えていくにはどうしたらいいのでしょうか。

まずは、自分の思いや行為を美しく正しくしていきましょう。そのためには自分もまわりも幸せになるようなバランスのとれた行為になるように心がけることです。それが明るく幸せに生きるための大切な秘訣です。

相手が喜ぶとき、相手は感謝の気持ちになります。それが自分に返ってきます。また、相手が喜ぶような行為をすることで、自分自身も癒やされ、自分が満足するため、自分も幸せな気持ちになるのです。反対に相手を傷つけるような行為であると、それはいつか自分を傷つけるものとして返ってきます。相手を傷つける行為が、故意のものではなく、無意識のエゴのレベルで行われていることもあります。こうした行為は、良いことも悪いこともすべて自分の心と宇宙に記憶されていきます。

ですから、真の成長を目指し意識を進化させていく必要があります。そして、さらに自分の行為を魂からの美しいものにしていくことが大切です。

本当にバランスのとれた、カルマを引き起こさない正しい行為はなかなかできません。そのため浄化と気づきを進化させていかなければならないのです。そうでないと、自分でも意識していない、無意識の世界からの思いが働いて、カルマを積んでしまうような行為が引き起こされてしまいます。

無知ゆえに自分で気づくことなく、相手を無意識に傷つけていることがあるかもしれません。自己防衛が時にそういうことを引き起こすこともあるでしょう。自分を守るために相手を拒絶したり、恐怖や驕りから相手を見下したりと、自分にそのつもりがなくても巧妙に自分を守ろうとしてしまうのです。

こうしたやり取りがあると、意図的な攻撃の心がなくても、無意識下からの意図で相手の同質のカルマを引き出してしまうこともあるでしょう。カルマによってさらなるカルマを積んでしまいます。あなたは心とカルマにコントロールされているのです。

こういった運命から解放されていくためには、誰もが行為を正していくとともに、早急に無知から目覚めて気づき、進化していく必要があります。

人は時に思わぬカルマが返ってきて、自分は悪いことをしていないのになぜ？と疑問に思うことがあります。それは、過去生のどこかで生じたカルマが返ってきているのかもしれません。将来において、思いもよらぬ痛手として返ってくることもあるでしょう。

カルマの法則では、自分の無知からの行為であったとしても、故意に相手を傷つけようとしてやった行為であったとしても、いずれの場合も再び自分に返ってきます。そっくりそのまま同じ形で返ってくるとは限りません。いくつかの行為のエネルギーがまとまって返ってくることもあります。

カルマが返ってくるのを防ぐためには、常に良いエネルギーにつながることです。そしてカルマを浄化していきます。ヒマラヤ秘教にはその方法がいろいろあります。先ほども述べましたように、誰もができるものとして正しい行為、善なる行為を積んでいきます。自分も喜び、人も喜ぶ行為です。自分をよく見せるというエゴからのものではなく、無償の愛から生まれた行為がいいのです。

仏教が教えているように、慈愛の心をもって徳を積むということが、生きるうえで大切です。それがバランスのとれたカルマを増やしていくことになるからです。

過去の良いカルマも悪いカルマも、すべてが心や体に記憶として刻まれています。それはこの人生においてどんな出来事がやってくるのかということに影響を与えています。そして、次にどんなカルマを生じさせるかということにまで影響していきます。今まで蓄積したカルマは、まるで設計図のようにすべての現象に関わっています。そしてそれは、あなたの運命となっています。

無意識下に蓄積されたカルマを浄化することは自分の力では至難の業です。さらに運命を超えるということは、もっと大変なことです。

しかし、絶望する必要はありません。カルマといえども、過去の自分の選択と行為の結果が累積したものであり、自分で作り出したものである以上、必ず浄化していくことができます。

ヒマラヤの恩恵の祝福は、さまざまな秘法となっています。それをいただくことで、カルマを浄めていくことができます。サマディからの知恵はあなたの内側を変容させ、カルマを浄化していくことができるのです。サマディの恩恵によって、あなたは普通に生きているときの何十倍、何百倍ものスピードで浄化され、バランスがとれ、幸せになっていきます。それは本当の自分に出会っていくこと、神に出会っていくことです。

そのためにさまざまな修行がありますが、なかでもメインの修行は、カルマを浄化し、変容していく秘法瞑想です。あなたの人生に瞑想を取り入れることで、あなたの運命を変えていくことができます。

瞑想を継続して実践していくことで、カルマが浄められ、運命が改善します。そして、あなた自身の気づきが深まっていけば、もともとの純粋な自分に戻ることができます。あなたの願いも純化され、どんどん叶っていくようになるのです。

第3章

瞑想を はじめましょう

心を空っぽにすると、必要なことが見えてきます

私たちは、幸せになるために、心を働かせ続け、何かを求め続けています。しかし、それとともにストレスを製造し続けているのではないでしょうか。安らぎであるはずの睡眠でさえ、ストレスで妨げられ、深く眠ることができない人もいます。

どうしたら心を平和にすることができるでしょうか。

平和の心を作り出すのが瞑想です。瞑想は〝ノーマインド〟になることです。瞑想することで空っぽの心になっていきます。

瞑想は、ヒマラヤの聖者によって発見された行《ぎょう》であり、五千年以上前から、ヒマラヤの聖者が神に出会うため、真理を悟っていくために行ってきました。それは、究極の悟りであるサマディに至るための前段階の修行にあたるものであり、秘密の教えです。

瞑想には、本来段階を追ったステップがあります。まず、外側の環境を整えます。

そして自分の体の行為と、思いと、言葉を整えます。日常生活での規制もあります。次に体そのものをきれいにして、また体のバランスを整えていき、呼吸を整えます。その後、五つの感覚を統制します。さらに心の集中力を養い、揺れない心を育んでいきます。

このような段階を経てはじめて、心の中にあるさまざまな思いを浄化して手放す修行に入っていくのです。それが瞑想の修行です。今回は前述のステップを飛び越えて行いますが、それはサマディパワーの守りがあって可能なことです。信頼をもって進んでいくことが条件です。継続して深く実践する場合は、必ず直接のマスターのガイドが必要です。

瞑想について、さらに詳しく見ていきましょう。

瞑想で「心が空っぽになる」とは、心の曇りを浄化するという意味です。この教えは最高の教えなのですが、なかなか普通はその価値がわかりません。人は何かを得るために一生懸命で、空っぽになってしまうと力がなくなるのではないかと思ってしまいます。じつは、心が空っぽになることで、源の存在とのつながりが強くなり、神のような力を得ることができるのですが、普通の人はそうとは思いもしないのです。見えるものを手に入れるのが常識であり、心を空っぽにすることは本来できるわけもないと思っています。そこまで思考が及ばないわけです。

瞑想は、心の曇りよりも細やかな波動を作り出し、心を浄化していくことができます。浄化や気づきはサマディからの叡智で生み出される秘法瞑想によって可能となります。

心を浄化する方法はさまざまなものがあります。音の波動による浄化があり、光の波動による浄化があります。気づくことでの浄化、理解することでの浄化がありす。さらに最高の浄化は、悟りのマスター（シッダーマスター）から恩寵をいただくことでの浄化です。これらの秘法は単独で、あるいはミックスをして、その時々に必要なものを、継続して行っていきます。すると次第に心は空っぽになり、瞑想を起こしていくことができるでしょう。心の中には過去生からの記憶や思考、感情が蓄積されていますそれらは執着となっていますので、気づきと、高次元のエネルギーで溶かす必要があります。

「瞑想を起こす」という表現は聞き慣れないかもしれません。あなたの準備ができ、条件が整ったときに深い静寂が起きていくのです。それが心を空っぽにする瞑想であり、高度な心の状態です。

この境地に至るためには、本来、厳しい修行を長く続けなければなりません。しかし、シッダーマスターからの知恵と祝福を伴った秘法瞑想をすることで、短期間で瞑想を起こしていくことが可能となります。高次元のエネルギーによって、心の曇りが浄化されて空っぽとなり、光に満たされていきます。これに並行して、直接や間接のエネルギー伝授をいただくと、さらに浄化が早まります。そして人の奥深くにある創造の源の領域に触れ、やがてそこと一体となっていきます。

心を高次元の存在につなぎとめる瞑想は、安全で最高のものです。心をそこにつなげ、心があちらこちらに行かないように鎮めていきます。やがて心の働きが止《や》み、過去にも行かない、未来にも行かない、「今にいる」という状態になります。心の働きが浄化されて鎮まっていくことで、あなたが抱え込んでストレスになっているさまざまな情報が整理され、必要なことが自然に見え、さまざまな事柄への対処が上手になっていきます。

心にカルマをたくさん抱えていたり、心が忙しかったり、あるいは疲れていたりすると、ただ目を閉じて座っていても心は鎮まってはいきません。〝瞑想もどき〟では、心は染みついた癖であるカルマのほうに引きずられ、右に揺れたり、左に揺れたり、落ち着くことができません。そして心は逆にあれこれ考えはじめてしまうのです。

最も大切なことは、瞑想をよく知るマスターのガイドにしっかりと従うことです。シッダーマスターからディクシャという、浄めのエネルギーと瞑想秘法の伝授が行われます。拝受者はすみやかに静けさを得ていき、瞑想者に生まれ変わります。ストレスや苦しみ、病気といったあらゆる問題の原因であるカルマを積極的に癒やすのです。そして高次元のエネルギーとつながり、気づきを深め、理解を進めます。それによって安全に浄化を進められるのです。

人間は、幸せを求め欲望に動かされて生きています。良いものを作ったり、集めたりしながら生活しています。そして常に自分の内側と、外側の物や人とのやり取りには葛藤や抵抗が生じています。それはストレスとなり、カルマを積みながら生きています。神が与えてくれたこの心と体を汚すばかりです。

本来、人生は成長するためにあります。しかし、私たちは本当に成長しているのでしょうか。幸せのためであるはずの科学技術の発達はどうでしょう。発達と同時に地球を汚していることもあるのではないでしょうか。正しく生きていくためには本当の知恵が必要です。

それは、神の愛のもとにこの世界と調和的に生き進んでいくことです。平和になっていくことです。それがわからずに、源の存在、神を信じず、エゴからの力、自分の力で何とかしようとがんばっているのが今の人間の姿なのではないでしょうか。自分の小さな体験による思い込みを信じて生きています。それはまるで、光をもたずに暗闇を歩いてあっちこっちにぶつかって生きているような姿でしょう。

より良い人生のためにはどうしたらいいのでしょうか。

ヒマラヤ聖者は、自分の源に還り、真理を知り、より良い人生の送り方を知った存在です。サマディに達し、神に出会い、本当の自分に還った私も、あなたが幸せになるカギを知っています。

あなたはサマディからの知恵とパワーを受け取ることで、楽に前に進むことができます。そして気づきをもって、心と体、自分という小宇宙を知っていきます。良いエネルギーの人に進化することで、神から与えられたこの小宇宙での調和はとれ、クリエイティブに生きられるようになります。さらには悟りを目指します。それが、人間が生きる最高の目的なのです。

そうした生き方を知らないうちは、真に幸せにはなれません。真の目的を知らない間は、人は生きながらストレスを受け続けて疲れ果てていきます。たとえ良いカルマで成功したとしても、です。物や人、自分の才能に恵まれ心が満たされたと感じても、何かが不足して満ちてこないのです。

もともと人間は不完全に創られた存在です。それは、本当の自分、源の存在に出会っていくことで完成させていくためなのです。そのプロセスで気づき、すべての物事を知っていくためなのです。それが源の存在からの愛です。

本当の自分につながることができずに無知でいると、人は心が自分と思い込んでしまいます。心が働き続けて、汲々《きゅうきゅう》として消耗していく生き方をしてしまいます。源の存在からどんどん離れていく生き方です。エゴの力でがんばって生きる生き方です。

しかし、もうそんなにがんばらなくてもいいのです。

秘法瞑想を進めることで、やがて心を空っぽにすることができます。そして、あなたは本当の自分につながることができます。本当の自分は、あなたの源の存在、すべてを生み出しすべてを知る存在です。そこからの恵みを引き出して生きていきましょう。

欧米で瞑想を導入している会社が増えています

じつは日本人は歴史上、「瞑想」と馴染みが深いのです。

インドで生まれたヒマラヤ秘教は、五千年以上の昔から瞑想修行を行い、真理に出会い最高の教えを説いていたのです。インドに生まれた仏教の開祖のお釈迦《しゃか》様もそこに学び、成長と悟りのために瞑想の道を選ばれたのです。

仏教での瞑想は、「禅」といいます。瞑想という意味のサンスクリット語は「ディヤーナ」といいます。瞑想の「ディヤーナ」が中国に渡って当て字の漢字が「禅那」になったのです。さらにその発音が「デャーン」となり、漢字では「禅」となりました。禅という言葉は、日本人の誰もが耳にしたことがあると思いますが、それは瞑想と関わるものなのです。

今、瞑想がインドから欧米に渡り、次第に人々の間に広まり実践され、身近なものとして感じている人が多いようです。欧米社会の人々が瞑想に関心をもつようになってからは日が浅いのですが、競争社会でありストレスが多いため、欧米人にとって瞑想は、リラックスの技法として魅力的だったのでしょう。心を強め、狩りを行い、戦う精神をもつ文化の欧米人にとって、平和を作る、リラックスを作る教えの瞑想は、神秘であり、画期的であったのでしょう。その瞑想の多くは初歩のリラックス程度のものではあるのですが、彼らにとっては魅力的な教えであったのです。

アメリカ社会では、一九七〇年代から、ヒッピーといわれた自由を求める迷える若者たちが、インドに渡りました。そこでグルという精神指導者を求め、ヨガや瞑想に触れたのです。そこにある精神性の文化が、彼らの心身を癒やし、次第に広く伝播していきました。それがアメリカに渡り、カリフォルニアの心理学者の間で少しずつ広まっていったのです。精神的な部分を取り除き、アーサナといわれるやさしい体操や、初歩の瞑想のテクニックが次第に拡大して、やがて時代を経てビジネス社会にも浸透していきました。そして今や多くの企業が瞑想を取り入れはじめているそうです。いずれの会社も、瞑想が従業員のストレス低減、能力向上、業績改善に有効であると認識しています。

心をリラックスさせるテクニックとして、瞑想という東洋の精神技巧が、西洋の文明の中に浸透してきているのでしょう。

私は、単なるテクニックではなく、見えない創造の源からの恩恵をいただく回路につながり、悟るための瞑想を紹介しています。それはヒマラヤ秘教の秘法瞑想でもあり、それらを総称して「ヒマラヤシッダー瞑想」といいます。

その特徴は創造の源からの「アヌグラハ」という高次元のエネルギーの恩寵を受けることです。そして無理なく誰もが深い瞑想をできるようになります。最速で浄化が進み、すみやかに変容を起こしていきます。すべてが強化され、パワフルに生まれ変わることができるのです。

そして、それはやがて最高の悟りへの道まで開かれていくものなのです。

瞑想を実践すると、何が変わるのでしょう

何が起こっても動じず、自信が湧いてきます

瞑想の実践を続けると、あなたはイライラを鎮め、恐れやプレッシャーなど、ネガティブなものを寄せ付けなくなります。何事も肯定的に受け止められるようになり、自信が湧いてきます。

不安・心配を手放し、何が起こっても動じない心が育まれていきます。

生命エネルギーに満ち、元気になります

ヒマラヤシッダー瞑想の実践で高次元のエネルギーによる調整がなされ、楽に心の歪《ゆが》み、体の歪みが正されていきます。エネルギーの消耗が減り、充電され生命エネル

ギーに満ち、細胞が若返ります。

あなたは、短い睡眠時間でも疲れなくなります。健康になります。若々しくなります。力強く生きることができるようになります。自然治癒力が高まります。潜在的な病気は現れる前に消えていきます。

あなたの内側から知恵が湧き直感が出てきます。愛があふれてきます。喜びに満たされます。執着が少なくなり楽に生きられるようになります。

やる気・集中力が高まり、潜在能力が開花します

ヒマラヤシッダー瞑想の実践により心の働きが静かになり、内側のさまざまな情報が整理されます。必要なことがぱっと浮かび、あちらこちらと無意味に動かずに効率のよい生き方ができます。人生に無駄な動きがなくなります。

生命力が高まりやる気が出てきます。集中力が高まります。直感が冴えます。物事に対処する力が付き決断力が身に付きます。リーダーシップが発揮されます。

潜在能力が次々に開花します。一生懸命がんばらなくても自然に道が開けます。願いが実現していきます。

信頼と感謝でつながる人間関係に変化します

「……ねばならない」というとらわれから解放されます。人間関係が楽になります。依存や執着といった支配的な関係から離れられるようになります。

相手の価値観を受け入れることができ、平等意識をもてるようになります。肯定的な考えになります。感謝と愛をもって人に接することができるようになります。

人間関係が良くなります。物事がスムーズに運ぶようになります。

あなた自身が変わることで、まわりの人々が変わります

内側のエネルギーが整うことで、カルマが浄化され、エネルギーが浄まり、心が平和になります。あなた自身が発する波動が変わります。あなたから醸《かも》し出される雰囲気がやわらかくなり、内側から輝く人になっていきます。

あなたが変わることで、それが周囲にも影響を及ぼし、まわりを平和にします。それがやがて周囲の人をも変えていきます。自然に人間関係が改善します。みんなに愛

されるようになります。

子育てが楽になります

親がヒマラヤシッダー瞑想を実践すると、子供さんも変わっていきます。多くの親子がヒマラヤシッダー瞑想の伝授を受けて変容し、育児が楽になり喜んでいます。

ヒマラヤシッダー瞑想の実践で、直感力、洞察力が養われ、子供への理解が深まります。子供の気持ちがわかり、接し方がわかります。子供のことを心配しすぎたり、親の考え方、期待を押しつけたりすることから離れ、子供を信頼し、あるがままを受け入れることが自然にできるようになっていきます。

短い睡眠時間で足りるようになるので、忙しい育児も楽にこなし、育児と仕事をうまく両立できるようになります。

親が子供への愛と理解を深めることは、子供に計り知れないほどの良い影響をもたらします。子供は安心し、のびのびと育ち、豊かに才能を発揮していきます。

瞑想のマスターとの出会いの必要性

日本においても瞑想を実践する人が増えてきています。最近は雑誌や本で瞑想が紹介されることもあり、瞑想をすでにはじめている人も多いのではないかと思います。

ここで申し上げておきたいことは、生かじりの知識で瞑想を行うことは、思っている以上に危険なことだということです。

自己流で瞑想を行い、体のエネルギーのバランスを崩してしまった人、ネガティブなエネルギーの影響を受けてしまった人、いわゆる憑依《ひょうい》現象に遭《あ》ってしまった人など、危険な状況に陥《おちい》った人を私は何人も助けてきました。

どんな習い事にも、マスターが必要です。瞑想にも、マスターの指導が必要なのです。日本には、「〇〇道」といわれる習い事があります。それはずっと続けることを意味する言葉です。たとえば茶道、華道などです。どんな習い事でも続けなければ、その道を究めていくことはできません。

それと同じで、いやそれ以上に、瞑想の本格的な修行には、瞑想の世界を知り尽くしたマスター（師）からの直接の指導が不可欠です。私たちの内側は見ることができませんし、深い静けさの前に立ちはだかる心の曇りは、蓄積したカルマで何層も何層も覆われています。それを浄化し変容させていくには、信頼できるマスターから安全で確かな方法を教わることが必要です。そうしてはじめて安心して実践することができるのです。

さらには、そのマスターが、実際に深い修行をして、その道を熟知していることが理想です。瞑想は本来、単なるリラックスを与えることではありません。源の存在、つまり本当の自分に還る道であり、その成功には悟りのマスターからの祝福が欠かせないのです。

瞑想を体験してみましょう

音声データの聴き方

特典の音声データには、「講話〜心の曇りを取り除くということ〜」「太陽への感謝の祈り」「心を空っぽにする誘導瞑想」の三つの音声が収録されています。シッダーマスターの声には、「アヌグラハ」と呼ばれる源の存在からのエネルギー、いわば神の恩寵のエネルギーがあります。

あなたがこの音声データを聴くとき、その祝福と恩寵のエネルギーが届きます。

この音声データが、あなたとヒマラヤ聖者をつなぐかけ橋になってくれます。瞑想も祈りも、必ずこの音声データを聴きながら行ってください。そうすることで、あなたはアヌグラハにより浄められ、楽になっていきます。

瞑想を実践するときは、なるべく心が落ち着くような静かな場所を選び、リラックスできる服装で行いましょう。体を締めつける下着や装飾品ははずします。イスやソファに座るか、おしりにクッションなどを敷くのもよいでしょう。ただし、寝転んだ状態では行わないでください。

瞑想の実践は、なるべく空腹時に行います。満腹のときは行わないようにしましょう。

誘導瞑想の冒頭で顔を右側、左側の順に向けて呼吸するという瞑想のための準備動作があります（次ページ見開きのイラスト参照）。

瞑想を実践している最中にいろいろな雑念が浮かんできても、それらにとらわれず、雑念に気づいたら、音声に意識を戻します。

瞑想は、朝か夜のどちらか一回行います。一日に一回以上は行わないでください。

また瞑想の期間は最長でも一か月にとどめてください。

音声データのダウンロード方法

音声データは下記のURLまたは
QRコードよりダウンロードすることができます。

https://movie.sbcr.jp/meisou_susume/

瞑想の前の準備動作

あぐらをかくか、正座します。イスに座ってもかまいません。手は膝の上あたりに置き、リラックスします。

❶ 体はそのまま、顔（目は開いてもつむってもよい）を右側に向け、自然な呼吸を３回行います。ゆっくりと顔を正面に戻します。

❷顔を左側に向け、①と同様にします。

❸ 顔を上に向け、①と同様にします。

❹ 顔を下に向け、①と同様にします。

❺顔を右と左に10回（左右合わせて10回）ゆっくりと向けます。その後、ゆっくりと顔を正面に戻します。

音声データの聴き方

・特典の音声データは「講話～心の曇りを取り除くということ～」「太陽への感謝の祈り」「心を空っぽにする誘導瞑想」の三つのパートで構成されています。まずは「講話～心の曇りを取り除くということ～」を聴いてください。

・毎朝、「太陽への感謝の祈り」を行いましょう。その後、時間に余裕があれば、「心を空っぽにする誘導瞑想」を実践しましょう。祈りは、声を出す必要はありません。私の声を聴きながら、心の中で祈ってください。声を復唱するかたちで祈ってもかまいませんし、内容を覚えて声に合わせて祈るのもよいでしょう。

・朝、時間がなくて「心を空っぽにする誘導瞑想」を実践できなかった場合は、できるだけその日の夜に実践しましょう。誘導瞑想は、朝と夜のどちらか一回行うのが理想的です。

・「講話～心の曇りを取り除くということ～」のトラックは、最初に一回、リラックスしてただ聴くだけで結構です。もちろん、繰り返し聴いてもかまいません。折に触れて聴き直すと、新しい気づきや発見があるでしょう。

・瞑想は、最長でも一か月にとどめてください。この瞑想は、あくまでも入門ステップであり、ずっとそこにとどまり続けるべきではありません。本格的な瞑想を実践したい方は、事務局（サイエンス・オブ・エンライトメント）にご相談ください。また体質や気質によってまれに、気分が悪い、目を閉じるのが怖いと感じる場合もあります。そのときは、すぐにおやめください。

トラック1　講話——心の曇りを取り除くということ

私たちは心と体をもっている存在です。眠っているときは夢を見ていることもありますし、深く眠りにつくと心の働きが止んで、夢も見ない状態になります。そうした深い眠りの中にあっても心臓は動いていますし、時に寝返りを打ったりして、体の調整をしたりします。

これらの事象から、私たちの奥深くに心や体を生かしめている存在があることがわかります。それが「魂」と呼ばれる存在です。

宇宙すべてを創り出している創造の源の存在、インドではそれをブラフマンといいます。その存在が私たちの中にもあります。そこから分かれた存在が、魂なのです。それぞれの人に個の魂があります。そして、私たちは魂からエネルギーをいただき、愛をいただき、知恵をいただき、生命力をいただいて生かされているわけです。

心は常にさまざまな欲望をもって、いろいろな事柄に興味をもち、さまざまなものを引き寄せています。さまざまな情報が日々飛び込んできますので、私たちの心はそれらを整理整頓するのに常に忙しく、ストレスを感じながら生きています。

私たちの心はさまざまなものをいっぱい抱え込み、身動きができない状態になっています。そんな状態では、私たちを生かしめている魂の存在は覆われてしまい、そこからの力を引き出すことができません。

魂の生命エネルギーを消耗してしまっているのです。それが過度に進むと私たちは常に疲れを感じ、思考力も衰え、自分を愛することもできず、人を受け入れることもできない否定的な心になっていきます。

ですから、この心の曇りを取り除いていくことが、私たちがよりいっそう、人生を生き生きとクリエイティブに、生命力にあふれ、愛にあふれ、知恵にあふれて生きていくことができるカギになるわけです。

ヒマラヤ秘教の教えは、その曇りを取り除くための教えです。それは、曇りを取り除き、根源のあなた、魂と一体になっていく実践の教えです。それが「サマディ」といわれる、魂と一体になる修行です。

魂と一体になるということは、本当の自分に出会うということです。

ヒマラヤの教えは、その中心に「瞑想」があります。瞑想をすることにより、あなたの中の曇りが溶かされ、内側に平和が満ちてきます。

トラック２　太陽への感謝の祈り

太陽は、地球上のすべての生命を育み、生かしめている偉大な存在です。太陽なくして、私たちは存在し得ません。

今回、太陽へ感謝を捧げる祈りを紹介した理由は、あなたの魂も太陽のような存在であるからです。あなたの奥深くには、すべてのものを生み出す源があり、大きな生命の力があり、神秘の力があります。

太陽がこの地球の生き物を育むように、あなたの中には、あなたやあなたのまわりの人を育む太陽があるのです。

この祈りを通して、あなた自身の魂の太陽が輝いていくことでしょう。

トラック3　心を空っぽにする誘導瞑想

この誘導瞑想は、鼻先に意識を向けることによって、あなたの心をあなたの中心につなげていく瞑想です。

私、ヨグマタから放射される「アヌグラハ」と呼ばれる宇宙創造の源から届くエネルギーが、あなたの心を浄め、あなたの心を平和な状態へといざなっていきます。

さまざまな思いが浮かんでは消え、浮かんでは消えていくでしょうが、誘導に従って呼吸に意識を向けていくと、あなたの心は呼吸の生命エネルギーに溶かされ、平和な状態になっていくことでしょう。

「アヌグラハ」というヒマラヤの恩恵により、あなたは瞬時に平和を体験し、心のストレスが取り除かれ、深い安らぎを得て充電されて、生まれ変わることができるのです。

ヒマラヤの秘法で、こんなふうに人生が好転しました

体験記

体験記 1

仕事の質が飛躍的に向上し、妻も元気に

五十代・男性
経営者

ディクシャ（ヒマラヤ秘法の伝授）を受けた当時は、私が経営する会社は好調で、他人からは順風満帆《じゅんぷうまんぱん》の人生に見えたと思います。私自身もこのまま順調に進んでいくものと信じたかったのですが、心のどこかに将来への漠然とした不安を抱えていました。

小さいながらも会社を経営していれば、それなりにプレッシャーやストレスがあるものです。心がつぶれそうになったり、逃げ出したくなったりすることもしばしばです。しかし、つぶれるわけにも、逃げ出すわけにもいきません。私は瞑想をすることで、心の平安を得たかったのだと思います。

最初のころは、瞑想の効果を自覚できませんでしたが、瞑想をはじめて三か月後に、短期集中プログラムに参加したところ、素晴らしい体験をすることができました。

その直後は意識が透明になった感じで、無性《むしょう》に幸せで何の不安もなく、怒りも湧いてきませんでした。そして、仕事の質が変わりました。先のことを思い煩《わずら》うような無駄なエネルギーを使わずに、的確な判断をくだし、しかも相手を思いやりながら、大量の仕事を短時間で片づけられるようになっていたのです。これには感動しました。四十代も後半になって、仕事の能力が飛躍的に向上したのですから。瞑想の効果を実感できたおか

げか、その後の瞑想がどんどん楽しくなっていきました。

瞑想をはじめて一年たったころ、仕事で権利関係のトラブルが発生しました。通常であれば裁判で解決するケースです。私もそうするつもりでしたが、不思議なことが続けて起こり、見えない力に導かれるようにして、私は相手との和解という険《けわ》しい道を探るようになっていました。

そんな時期に、たまたま祈願祭《きがんさい》（定期的に行われる、自他の願いを祈っていただく催しの会）に参加する機会がありました。

私は、ガイドに従って、トラブルを起こしている相手のことを祈っていただきました。すると驚いたことに、涙とともに心の中で大きな解放が起きてきたのです。

私の内側は化学反応を起こしたように変化し、軽くなっていきました。憎んだり嫌ったりしている人の幸せを祈願することは、自分の中の憎しみや嫌悪の感情を手放すことであり、それは同時に自分を許すことでもあったのです。それらのことを頭ではなく、感覚的に理解できた貴重な体験でした。

これを機に、権利を巡《めぐ》っての険悪な状態は峠を越え、和解の道が大きく開けていきました。後でわかったのですが、もしこのときに裁判をしていれば、私の会社は大損害を被《こうむ》り、たぶん経営破綻していたと思います。

その後、すごい速さで自分が変化・成長していくのがわかりました。性格も穏やかになっていき、多少のことでは怒ったり、イライラしたりしなくなりました。道ですれ違う人や、同じ電車に乗り合わせた人、そんな見ず知らずの他人のことを、愛おしくて仕方なく思うようになりました。まわりの人への接し方も自然と変わり、人間関係も良くなっていきました。

しばらくして、先のトラブルとはまったく別の一件で、会社が大きな損失を出してしまいました。以前の私であれば、大きなショックを受け、精神的に参ってしまったことでしょう。それが、まったく平気などころか、「出ていくということは、また入ってくるということだ」と感謝とともに受け入れることができたのです。そして実際に、お金は自然と巡ってきました。

さまざまな研修プログラムでは、貴重な体験をし、深い気づきを得ることができました。あるプログラムを受けているとき、突然、胸の中に何か熱いものが流れ込んできたことがありました。同時に涙が湧水《ゆうすい》のようにあふれ出てきます。いったい、何が起きたのか自分ではわかりませんでした。とにかく熱いものは優しいのです。

その優しさに触れると、ありがたさと申し訳なさが一緒になったような気持ちになり、涙が止まらなくなります。「これは何なのだろう?」と私は思いましたが、適切な言葉が見つかりません。その流れ込んできた熱いものを、あえて言葉にするなら「愛」という言葉が一番近いでしょう。本当に、素晴らしすぎる体験でした。「愛」は言葉で理解するものではなく、体験するものだと、このときはじめて知ったのです。

また、瞑想中に何の不安もなく、平和で満ち足りた世界――ただ「在る」という世界も体験することができました。時間の感覚もなく、雑念も浮かんできません。このときは一時間以上瞑想していたのですが、五分くらいに感じました。

このような体験を重ねていくことで、私は自分の内側がきれいに、そして豊かになっていくことを実感しました。この年になって性格や人生観までもが変わっていったのです。自分が変わったおかげで、人間関係が改善され、環境が良くなり、良質の仕事が舞い込むようになりました。良いことの連鎖が起きるのです。その連鎖は自分だけでなく、周囲にも波紋のように広がってゆくようです。

病弱で引きこもりがちだった私の妻は、私と一か月違いでディクシャを受けました。二年半もの間、寝たり起きたりの生活をしていた妻は、体力も免疫力も低下していて、電車に乗ることはもちろん、ゆっくり百メートル歩くのがやっとの状態だったのです。たまの外出には夏でもマスクが欠かせませんでした。自分で入浴することもできず、私が彼女の髪を洗ってあげていた時期もありました。

その彼女が瞑想をはじめてわずか二か月で、ヨグマタジ（相川圭子先生。「ジ」はインドの敬称）のインドツアーに参加したのです。電車どころか飛行機に乗ってインドへ行き、人混みの中を何キロも歩いたなんて奇跡以外の何ものでもありません。

その後、彼女はめきめきと体力を回復していき、普通の生活ができるようになりました。

今ではお店でレジの人と気さくに話したり、他人に話しかけてすぐに仲良くなってしまう彼女を見ていると、数年前は引きこもりで人と話ができず、宅配便が来ても出ることもできなかったことなど、とても信じられません。

これは何かが変化したとか改善されたとかいうレベルではなく、生まれ変わったといってもいいくらいの話です。私たち夫婦はディクシャによって、新しい命を授《さず》けていただいたのだと思っています。

体験記 2

自分が軽やかに、自由になっていく

五十代・女性
元編集者

私は若いころ、自分らしく自由に生きたいと願っていました。そのためには、仕事をもって、経済的に自立しよう！ と考えていました。

当時は〝翔んでる女〟が流行語で、大学時代の私は、自由＝経済的自立と短絡的に考えていました。勇んで飛び込んだ編集の世界で、私はたちまち、社会の壁にぶつかりました。

自由とは程遠いと当時の私には思えた上下関係や組織の論理。受け入れることができずにもがいているとき、祈りを中心にした、ある宗教の教えに出会いました。教祖の方はすでに亡くなっておられましたが、その方の教えが胸に響き、祈ると本当に楽になりました。

それからは日々祈り、時々、その団体の大きな集まりに参加しました。それが生きる力、心の支えとなり、次第に仕事の世界に没頭していくようになりました。

「やるからには、一人前の編集者になりたい」

「新しい切り口で、読者をハッとさせるようなものが作りたい」

「編集をやるからには、ベストセラーを出したい」

気がつくと、先輩が起こした小さな会社で、朝から晩まで休日返上で働き、仕事の虜《とりこ》になっていました。

一方で、日々祈り、宗教団体の大きな集まりには欠かさず参加していました。仕事をしていると、常時出会うさまざまなストレスや人間関係のトラブル。当時の私は、それは、日々の祈りや宗教団体のセレモニーにより解消されている、浄化されていると信じ込んでいました。

そんな生活が十五年以上続いたころ、何かが違うと感じはじめました。「自分は一生懸命に仕事をしているし、日々祈り、宗教団体への集まりにも参加している。自分は進化している」という信念が揺らぎ、もしかしたら、この道の先にゴールはないのかもしれないと思いはじめました。

それからは、次第に閉塞感《へいそくかん》に包まれていきました。仕事はそれなりに成功している。自分なりの夢も叶った。外側から見たら、バリバリと仕事をこなすキャリアウーマン。でも、内側の自分は疲れ切り、燃え尽き、これからどこに向かっていったらいいのか、どうしたらいいのかわからなかったのです。

そんなとき、ヨグマタジの本に出会いました。すぐに、「この方は、悟りを実際に体験された方だ」と直感しました。さらに、主宰されている瞑想センターは、当時私が住んでいた所から徒歩三十分。運命を感じました。暗闇の向こうに見えた一筋の光です。その光に向かって飛び込んでいくしか、私には選択肢がありませんでした。

すぐにディクシャをいただきました。それからは日々瞑想を行い、週末には欠かさずプログラムに参加、三か月後にははじめての七日合宿も体験しました。すべてが新鮮でした。まったく新しい世界が開けていきました。自分が日々、ぐんぐん変わっていくのがわかりました。

しばらくすると、抱えたまま止まっていた、ある出版企画が動き出しました。当時、疲れてやる気をなくしていた私が、そのままにしていた仕事です。私以外の関係者、監修の先生や執筆者の方々が急にやる気を出され、刊行日も決まり、あれよあれよという間に大車輪の毎日がはじまりました。夜十一時まで残業。自宅に帰って瞑想。また朝から出勤。このサイクルを一日でも欠かすと、刊行日に間に合いません。

超多忙な毎日ですが、不思議と少しも疲れないのです。日々の瞑想と週末のプログラムにより、強力に充電されていることが感じられます。仕事の効率も格段に上がりました。短時間にこれまでより多くのことができ、しかも、質が上がっているのです。三か月後、本は無事に刊行され、多くの関係者の方々から喜んでいただくことができました。

ヨグマタジの修行に取り組んで、一年がたったある日のこと。鏡の中の自分に驚きました。見たことのない別人の顔がそこにあるのです。「あなた、誰?」と思わず、つぶやいてしまいました。しげしげと見つめました。全体的にすっきりとして、目が輝いています。何となく、きれいになったようにも感じられます。新しい自分を飽きることなく見つめていました。

そのとき、ヨグマタジに出会って、まだ一年。ヨグマタジに出会うまで続けた宗教団体の活動は二十六年に及びました。たった一年間で私は、二十六年の宗教活動で得た何十倍、何百倍もの根本的な変容をいただいたことに気づきました。

今の私は、ヨグマタジに入門して四年半。これまでの人生の歩みが、とてもよく見えるようになりました。若いころは純粋でした。それが、社会に出て仕事に邁進《まいしん》するうちに、自由に生きるための手段であったはずの仕事が、人生の目的にすり替わっていきました。仕事をするには日々、頭と心を酷使し、心を鍛えなければなりません。こだわりや執着が強まり、欲望も膨らんでいきました。カルマを落とすどころか、カルマを積んでいく、自由とは正反対の歩みでした。

心の支えになってくれた宗教活動も、今から思えば、焼け石に水。浄化されている、自分は良いことをしているという思い込みにすぎませんでした。その教えを読むこと、暗唱することで、それを自分は理解している、実行しているという思い込みの世界にいました。

ただ、その当時の自分にはそれが必要であったし、それに支えられて、ここまで生きてくることができました。自分には必要なステップであったし、あの二十六年があったからこそ、今、こうしてヨグマタジの道の素晴らしさを理解することができます。

ヨグマタジの教えは、思い込みや頭での理解ではなく、実践による気づきと浄化の道です。そして、ヒマラヤに行かずとも、ここ日本で実践できる、真の幸福への道、本当の自分に出会う道、悟りへの道が具体的に示されています。この四年半、たくさんの気づきをいただきました。一つ気づきをいただくたびに、自分の内側で何かが溶けていくのがわかります。

ヨグマタジは、まだ理解の浅い私たちに、惜《お》しげもなくヒマラヤの奥義、秘法を授けてくださいます。それを素直に実践していくと、たくさん着込んだ古い衣を一枚、また一枚と脱ぎ捨てるように、自分が軽やかに、自由になっていくのがわかります。

私は仕事に邁進しているころ、達成感や充実感を味わうことはあっても、幸福を感じることはありませんでした。今、私の内側には、言葉にはできない幸福感が息づいています。そして、気がつくと、いつの間にか、家族が皆、幸せになってています。自分が変わることで、まわりの人々が変わり、自分が幸せになることで、まわりの人々も幸せになることを実感しています。

宗教活動をしているころは、悟りは手の届かない、遠い、高い所にありました。今は、ヨグマタジのこの道の向こうに、確かに悟りがあることが感じられます。本当の自分に、一歩ずつ近づいていることが感じられます。そして、本当の自分に出会うその歩みの中で、社会的成功、才能の開花、本当の豊かさ、愛、平和……、自分の望むものがすべて実現していくことがわかります。

いわゆる宗教とは異なる本質的な教えと実践法、真理の道がここにあります。心ではなく、魂が望む生き方がここにあります。

ヨグマタジとの出会いに魂から感謝をお捧げいたします。ありがとうございました。

体験記
3

医師として多くの人に伝えたいこと

五十代・女性
医師

私は精神科医として過去に催眠療法、さまざまなホリスティック医学を学び、また、いろいろな指導者から瞑想やヨガを教えてもらったり、あるいは自分で本を読んで実践したりしたことがありました。しかしながら満足のいく効果は得られずに、どれも長続きしませんでした。

四年ほど前に、たまたま知人よりヨグマタジの本を紹介され、自分も瞑想を究めた方から学んでみたいという動機で入門しました。

その当時の私は人間関係のトラブルに巻き込まれ、また、慢性の疲労感や、腰痛、体の冷えに悩んでいました。しかし、そのような苦悩は日常茶飯事になっていて、重い気持ちはどこか当たり前になっていました。そして職業柄、精神的な疲労感も強く、いつも不平不満を抑え込んでいました。

ヨグマタジからディクシャをいただき、瞑想をはじめた当初は、あまりうまく瞑想ができている感じもなく、自分の体調にも大きな変化を感じませんでした。しかし、とても尊い瞑想をさせていただいている感覚と深い安心感があり、どうにかこうにか瞑想を続けていました。

しばらくすると、仕事は不思議とはかどるようになり、人からも信頼されたり、認められたりすることが増え、これは瞑想の効果に違いないと感じました。

幸運なことに、私は瞑想やそのほかのプログラムにも参加し続けることができ、そうこうするうちに気がつくと、ずっと悩まされていた冷え性やひどい腰痛が改善していました。職場での人間関係にも変化があり、仕事上の疲労もかなり少なくなって、そのうちに疲れない、あるいは疲れても、すぐに回復してしまうことに気づきました。

また気持ちの切り替えが早くなり、ネガティブな思いが浮かんできても、すぐに平常心を取り戻すことができるようになりました。

ヨグマタジのメソッドを繰り返すことで、心の奥深くからリラックスし、深い静寂を体験することができるようになりました。積年の自分の心の問題は、ゆっくり確実に溶かされていく感じで、はじめて深い癒やしというものを体験しました。

現在の私は、四年前とはまるで違った性格の人間で、別人のようです。以前にも増して人から信頼され、評価され、言葉に力強さや愛を感じてもらえます。柔軟でありながら、エネルギッシュです。

ヨグマタジの瞑想をしていくと、何かを達成したというよりも、深く癒やされ、愛を感じ、すべてを受け入れられる静かで平和な感覚になり、何事も楽になるのです。

自分がこのように変容していくと、人間関係が劇的に変化し、家族関係、職場の雰囲気や人間関係、仕事の質、出会う人の傾向までが変わっていきました。まるで世界が変わったかのようです。

ここで理解したことは、自分が深いところで癒やされ、満たされ、変容していくと、まわりのすべてがダイナミックに変化するということです。つまり、これまでの問題は自分の心のありようが引き起こしていたことなのだ、ということです。

「まわりが悪い」と問題を考えるのではなく、「私はこの状態をヨグマタジの瞑想の導きで変化させることができる」と考えられるようになるのです。

瞑想は、じつはとても高度な訓練で、私が体験したような効果を得るためには、信頼できる指導者につくことが必要です。巷《ちまた》の書籍にあるような「自分でもできる」という世界とは異なります。大きな変化のためには必ず指導者が必要です。

簡単なリラックスではなく、深い癒やしの体験や、高度な気づきを感得するためには、それ相応の年月が必要ですが、ヨグマタジのメソッドは安全で早い効果が得られます。

私は多くの人にヨグマタジのメソッドを知ってほしいと思います。私たち医師は、病気を見立て、症状や痛みを軽減することはできます。しかし、瞑想はそれをはるかに超えた次元のもので、本当の癒やしというものを体験させてくれます。

つまり、心と体、全体的な自己の調和がもたらされ、自分と自分自身を取り巻く世界との調和がもたらされます。自分を慈《いつく》しみ、世界を受け入れ愛していくことができるのです。

苦しみがなくなっていくのはもちろんですが、問題解決や願望を達成することも可能です。しかし、そういったことを超えた、愛ある人、自分も他人も癒やすことができる人への成長の道であり、自分だけではなく、家族や会社、地域社会にも変化をもたらし得るものだと思います。

体験記4

何があっても大丈夫という安心感に包まれて

六十代・女性
主婦

ヨグマタジからマントラをいただき、瞑想をはじめて一年になります。この一年間で私は大きく変わりました。瞑想をはじめる前の私は、大きなトラブルもなく、地道に生きてきたから、それなりに幸せだと思っていました。自分のことも、まあまあ誠実で、人にも親切だし、いい人だと思っていました。

でも、瞑想を毎日続け、ヨグマタジのプログラムにも参加させていただいて、自分の心の中に気づけるようになると、私の心はマイナスのことばかりを思って、自分で心を苦しめて、重たく生きていることがわかりました。

そのことに気づいたのは、混雑したスーパーのレジに並んでいるときのことでした。レジ係の人の手元をボーッと見ながら「あっ、私の心がイライラしてる」と自分の心の中をはじめて他人のように思うことができました。湧き上がってくる思いに意識を向けていると「あのレジの人、やることが遅いなあ」「あの人、あんなにたくさん買って！　だから、時間がかかるんだわ」「このレジより、あっちのほうが進むのが早いなあ、あっちに並べばよかったなあ」と人をジャッジして、非難して、最後は自分を責めていました。

とても衝撃的でした。でも、心の隅っこではそういう自分に薄々気づいていました。ただ、そんな心の中のことは、自分の品格や幸せとはまったく関係のないことだからと気にしていなかったのだと思います。

それからの私は、心の中に湧き上がってくる思いに意識を向けるように努力しました。私の心の中は、家族の言動にも、電車で乗り合わせただけの人にも、ことあるごとにジャッジしたり、非難したり、イライラしたりしていました。人と関わらなくとも、自分勝手な思い込みで、焦ったり、誤解したりして、心を苦しめていることがわかってきました。

あるプログラムを受けたときに、「以前勤めていた職場の人たちに会いたくないのはなぜだろう」と思って、心を見つめていました。すると、自分ですごくいい人を演じていたことに気づきました。だから、何のトラブルもなく、みんな親切で、仕事も充実していたのに、自分自身がいい人を演じることに疲れてしまって、会いたくないのだとわかりました。

一つ一つ心の中が整理されていくと、生活することがどんどん楽になっていきました。レジの列に並んでいても、レジ係の人は手早くやりながらも、商品をていねいに扱ってくれるし……と、今ではいいところばかりが目について、ゆったりと自分の番を待つことができるようになりました。会計が終わると、心から感謝の思いでお礼を言えるようにもなりました。

一年前の私は、食事のたびに、目の前で食べている夫の様子を見ながら「食べ方が汚いなあ、よくこぼすなあ」と欠点ばかりが目について、イラッとしていました。そればかりか、まだこぼしてもいないのに、いっぱいこぼして汚すからいやだなあと、勝手にマイナスの場面を作り上げて、不満を湧き上がらせていました。

でも、自分で作り出した不平不満に心を痛めている愚かさに気づけるようになってくると、だんだんと否定的な思いが湧き上がらなくなってきました。素直な思いで夫を眺めることができるようになり、どんな料理を作ってもおいしそうに残さず食べてくれる夫の姿をありがたく感じ、ほほ笑んでいる自分を見つけたりして、生活の中に小さな楽しさや喜びがいっぱい増えてきました。

瞑想をはじめて半年たったころ、久々の同窓会がありました。前回のときは着ていく服をどうしようかと悩み、高い服を新調し、身支度にも時間をかけて、ドキドキしながら参加しました。

今回は自分のもっている服の中からステキなのを見つけて、身支度も短時間ですませ、何の気負いもなく、ありのままの自分で楽しんでくることができました。

瞑想をはじめたおかげで、自分の中にある見栄やプライドに左右されず、素の自分に自信がもてるようになって、よかったなと思いました。

ヨグマタジのおかげで今の私は、些細《ささい》なことも「ありがたいな」と感謝で受け止めることができるようになりました。以前の私だったら、どうしようと悩んでしまうような出来事に対しても、すべて私に必要なことだからと軽く受け止めることができるようになってきました。

心にも余裕が生まれて、自然と、家族の話をていねいに受け止められるようになってきました。話の途中で自分の意見を言って決めつけるようなこともなくなりました。

そんな私に対して、まず、夫が劇的に変わりました。夫はこんなにも饒舌《じょうぜつ》な人だったのかと思うほど、自分の趣味のことや仕事のこと、幼いころの思い出など、いろいろな話を私にするようになりました。

自分の心の動きに注目し、夫の言葉を素直に受け入れようとすればするほど、夫は上機嫌になって、私の好物を買ってきてくれたりするようになりました。

家族がそろっている夕食のときも、いろいろな思いや悩みをみんなで話し合えるようになってきました。

私の瞑想体験の話を聞いて、なんと自分の母と娘、息子、そして同居している娘婿さんまでもが、瞑想を習いたいと言い出し、今では瞑想一家になりました。

一年前までは、外側だけを気にして、自分で考えて、自分で取り組んで、自分だけが頼りの重苦しい世界の中で、心を痛めてもがいていました。

今はヨグマタジの愛とパワーに守られて、何があっても大丈夫、すべて自分にとって必要なことが起きているのだと思える大安心の世界の中で、自分の心の内側を大切にして、楽に生きています。

ヨグマタジの恩恵に感謝します。

体験記 5

子育てが楽になり、家族みんなで幸せに

三十代・女性
自営兼事務職

ヨグマタジと出会い六年が経過しました。心と体が浄化され変容していく中で、自分だけではなく家族やまわりの人たちにもヨグマタジの浄化のエネルギーが届き、私の置かれた環境の中で、みんなで良くなり成長してきた六年だったように思います。

ヨグマタジにはじめてお会いしたときに受け取った、ヒマラヤ聖者の発するエネルギーの素晴らしさとディクシャをいただいて感じた尊さや幸福感を、身近な人たちみんなに伝えたい、ヨグマタジとつながって楽に幸せに生きてほしいと願うようになり、まずは夫にヨグマタジのことを話しました。

夫はヨグマタジのご著書『シッダーマスターが示す悟りへの道』をあっという間に読み終え、「この方は本物だ！　僕もディクシャをいただきたい」と言って、すんなりとヨグマタジのディクシャをいただくこととなりました。

それから、私の妹と母、夫の母と姉、二人の子供たち、主人の父という具合に川の流れに乗るようにみんながディクシャを受け、ヨグマタジとつながりはじめました。ひとりまたひとりと、ヨグマタジとつながる家族が増えるたびに、まだヨグマタジと出会っていないほかの家族に影響を与えていったように思います。

夫はヨグマタジとのつながりを得たことで、自

分に自信をもてるようになり、職業に関して悶々としていたのが、内側からのインスピレーションを受け取り、新規就農を決意して葡萄栽培をはじめました。

夫は水を得た魚のようにそれは楽しそうに畑に出かけていきます。はじめて収穫した葡萄が品評会で賞をとったり、国や県からの支援、まわりの方々からの後押しや手助けも多く、本当に恵まれています。

テレビ局からの取材も何度かあり、そのたびにまわりの方々から応援をいただき、台風や大雪などの災害からもいつも守られていて、ありがたいことずくめです。

夫の最大の疑問であった人生観に関しても、「死ぬまで解決できそうになかった答えが得られたよ」と、ヒマラヤ聖者に導いていただきながら悟りへの道を歩めることを実感しており、本当にありがたく思っています。

義理の姉や母は、カラリと明るくなりました。ヨグマタジと出会ってからは自分らしさが輝き出して、仕事や趣味を思いきり楽しんでいます。

私は夫の両親と同居していますが、嫁・姑の窮屈な関係に陥ることもなく、ひとりの人間どうしとして、お互いを尊重し合って助け合って生活できているのが本当にありがたいです。

瞑想をすることによって、家族がお互いのちょうど良い距離感をもてているようです。子育てにおいても夫の両親の助けは非常に大きく、一緒に暮らすことで何かと経済的です。

家族みんながヨグマタジとつながっているので、おかげさまで家の中が一番のパワースポットになりました。世の中の人たちが本当の自分へ還る道に出会ったら、もっともっと楽にみんなで助け合いながら生活でき、多くの問題が解決されるだろうなあと思います。

ヨグマタジとつながることで、仕事や私生活のあらゆることが楽にシンプルに、かつ豊かになりました。子育てもとても楽になりました。ディクシャをいただいて、気づきや浄化が進む中で、それまで以上にますます子供たちのことがかわいく思えるようになりました。だからといって、べったりと始終子供のことで頭がいっぱいというわけではなく、子供の人格を信頼できるので、大きく見守りながら子育てができてとても楽なのです。

私は、母親、妻、嫁でありながらも、ただ私個人として、あるがままでいられることが、ありがたいです。お嫁に来た当初のことを考えると、本当に軽やかで自由になり、心が平和で満たされています。

私がはじめてディクシャを受けたのは、まだ長女がおなかの中にいるときでした。

「妊婦さんがディクシャを受けられると、お子さんにとっても、最高の功徳となりますよ」

そうスタッフの方が声をかけてくれたことがディクシャをいただく背中を押してくれたのですが、本当にその通りでした。検診やほかの赤ちゃんとの集まりに参加するたびに、「情緒が安定していますね」と言われ、泣きわめくとか、わがままを言って駄々をこねることがほとんどありませんでした。

第二子に至っては、生まれてから夜泣きがまったくなく、ただ目をパチッと開けてじっと私の膝の上で抱かれているだけなので、産後の病室に夜間の巡回に来た看護師さんによく驚かれ、「このお部屋に来ると逆に私たちが癒やされます」などと言われるほどでした。

子供は母親と胎児のころからへその緒でつなが

っているので、母親の感情が大きく子供に影響するといわれますが、ディクシャによって母子ともに浄められ、母親の心のざわめきや心配が平和と安心に変わっていくと、おなかの赤ちゃんにも良い影響を与えるのだと思いました。

普段の子育てに関しても、親の心配がいかに子供たちの成長の妨げになっているかということを感じられるようになりました。そして、子供たちもそれぞれにディクシャをいただきヨグマタジと日々つながって守っていただけるようになったことで、さらに私の子供たちへの心配はなくなりました。

子供たちがヨグマタジとつながると、もともと純粋な子供にはヨグマタジの愛がまっすぐに届くようで、長女は保育園でもたくさんのお友だちに囲まれ、入園時には恥ずかしがり屋で大丈夫かな？ と思っていたこともあっさりと吹き飛んでしまいました。

長男は、とにかくいつもマイペースで、保育園の先生たちの癒やしの存在になっているようです。「まわりがどんなに騒いでいても、我関せずで、静かに遊んでいますよ」との報告を受けています。

まだ小さい二人なので瞑想の時間をとって座る、ということはないのですが、それでもヨグマタジとのつながりをいただいていると、日々内側が満たされヨグマタジからの愛の波動がまわりにも伝わって、人を惹《ひ》きつけ安らぎを与える存在として、幼いながらも社会に貢献しているのだなあとありがたく思って見ています。

夫のほうの家族で、最後にヨグマタジとつながったのは、義父でした。ほかの家族が顔をほころばせてヨグマタジに会いに行く姿を見ながら、最初は無関心を装っていましたが、あるとき、「お義父《とう》さんもそろそろディクシャをいただいてみる？」と聞くとふたつ返事で「うん」と答えたのでした。

義父はもともと見返りを求めない愛を家族に捧げて生きてきた人ですが、ヨグマタジと出会い、ますます天使のようになりました。還暦を迎え、心身ともに突然ガックリきていたのも嘘のようにバイタリティにあふれるようになりました。

こうして、自分だけでなくまわりの家族がどんどん楽に幸せになっていく姿を見られるのは、本当にありがたい幸福です。家族みんなで浄められ変容していくと、家族の集合意識のレベルも高まり、ほかの家族や親戚など縁の近い人たちから順に浄化や気づきが起こりはじめるのです。

実の父は、ヨグマタジのもとにうれしそうに出かけていく私たちをただ「いってらっしゃい」と見送るだけの人でした。私がヨグマタジの本を父に渡したときには、「あのね、自分を信じていれば、こんな誰かに頼る必要はまったくないんだよ」と言っていたのです。その後、父がヨグマタジの講演会に参加することになりましたが、そのときも「父さんはヨグマタさんに会いに来たというわけではなくて、孫に会いに来たんだからね」なんて憎まれ口をたたいていました。

講演会が終わった後、ちょっと表情がスッキリしていたので、何かが必ず父に届いていることは間違いないと思っていたら、数日後父から電話がありました。

「この間はヨグマタさんに会えてよかったよ。今までずっと会いたかった人にようやく会えたようだったよ」と父の口からとは思えない感想を聞くことができて涙ぐみました。

しばらくして、「父さんもそろそろディクシャを受けようと思う。瞑想することに決めた」という言葉を聞いたときは、あの父が自分から言ってくるなんて、と耳を疑いました。

ディクシャをいただいた後の父と、帰りに食事をしました。顔がゆるんでいて肌艶《つや》もよくさっぱりとしていました。家族の集合意識のレベルが高まって父にまでしっかり届いたんだなあと、みんなでヨグマタジの愛とエネルギーを共有し増幅させてもらえていることに深く感謝しました。

ヨグマタジのもとで瞑想を続けていくと、自分が今まで住んでいた世界は、単なる思い込みの世界であったことに気づきます。その思い込みがはずれると、まわりの環境が天国のように思え、家族やまわりの人たちの中に尊敬に値する美しさや神様のような部分があることがわかります。自分が変わることで本当に家族やまわりの人たちも変わり、職場の雰囲気や業績まで変わってきます。

こんなふうにヒマラヤ五千年の叡知と秘法が広く一般に公開されていること、そしてインド以外の日本で今それが起こっていることは歴史上なかったことです。このチャンスに乗り遅れることなく、一刻も早く一人でも多くの人に、ヨグマタジのガイドする「本当の自分へ還る道」「悟りへの道」に出会っていただきたいです。

みんなで幸せに、そして世界が平和になっていきますようにと願うばかりです。ヒマラヤから降りて来てくださり、命をかけて得たサマディからの愛と平和とパワーを惜しげもなく与えてくださるシッダーマスター、ヨグマタジに魂より感謝申し上げます。

おわりに

ヒマラヤ五千年の伝統において、ヒマラヤ聖者は特別な存在であり、悟りの証明となる〝究極のサマディ〟を成し遂げた存在です。彼らをシッダーマスターともいいます。彼らに会って祝福をいただくのは、インドにいても困難でまれな尊いことなのです。

私は稀有な運命により、ヒマラヤの聖者に選ばれ、厳しい修行を経て究極のサマディに達しました。私はマスターであるハリババジの命により、人々に真の幸福と悟りをシェアするためにヒマラヤから日本に戻ってきました。

ヒマラヤ秘教の実践は、あなたを源につなげるディクシャからはじまります。ディクシャとは、シッダーマスターによる、サマディからの高次元のエネルギー伝授です。そして、カルマという過去生からの膨大な行為の記憶を浄め、内側を目覚めさせ、変容させ、生まれ変わらせていくものです。

その後さらに聖なる音の波動である瞑想の秘法のマントラを伝授します。それは出家に相当する尊い儀式です。

真理に出会い、進化をし、本当の幸せを人々に得ていただくために、私は、サマディの恩恵から、ディクシャを伝授しています。それは、あなたの内側をＤＮＡのレベルから変える、アヌグラハという源の恩寵です。

ディクシャの伝授で、私のサマディのエネルギーをかけ橋として、あなたを「本当の自分」につなげます。

サマディ＝悟りに到達するためには、本来、何生も何生も果てしない輪廻転生を重ねなければなりません。サマディに到達したシッダーマスターによる、「本当の自分」につながるためのエネルギー伝授は、計り知れないほど尊いものです。

ヨガの叡智であるヒマラヤ秘教は、宇宙の神秘、人間の神秘の力を引き出し、本当の自分に還る道を歩ませてくれるものです。どんな願いも叶える能力を得る道、最高の知恵を開発する道、サマディへの道、悟りへの道です。あなたを覚醒させ、永遠の魂につなげ、苦しみを溶かし成功への道を歩ませてくれるのです。

それは今まで一般社会に公開されることはなく、選ばれた、準備ができた、ごくわずかな者にのみ、口伝《くでん》で伝えられてきました。その神秘の力は、エゴで誤って使えば自他ともに災いを起こすものでさえあります。真摯に感謝をもって受け取っていかなければならないのです。そこに向かうには、邪念のない、愛からの姿勢が欠かせず、マスターとの信頼の絆によって成功していくのです。

本書では、ヒマラヤの教えと秘法瞑想について、嚙み砕いてお伝えしました。知恵のシェアにより、あなたの中で解放と癒やしが起こるでしょう。そして、意識の進化の大切さに気づいてくださることと思います。

私たちの真の幸せは、内側奥深くから湧いてくるものです。本当の自分を覆うカルマの曇りを浄めて、神聖さを目覚めさせていきます。そして、気づきを深め、宇宙的な愛ある人になっていきます。ヒマラヤの恩恵はそれを実際に起こすことのできる教えです。

真の成長のためにあなたの内側を整理し、カルマを浄め、素晴らしい成長を助けることができる教えです。あなた自身の内側が変容して、実際に真の幸福と悟りを起こすことのできる実践の教えです。

ヒマラヤ秘教には、さまざまな秘法瞑想があります。この本で紹介した瞑想のほかに、伝授を通していただく各種エネルギーの瞑想、クリエイティブな瞑想、祝福の瞑想などがあり、さらにさまざまな修行法、先祖の供養や祈願などもあります。源の存在を信じ、瞑想を深めていくと、問題が解決し、トラウマが取れていきます。あなたの願いを叶えたり、サマディを目指したり、それらが段階を追ったプログラムとなっています。それは、アヌグラハサマディプログラムというものです。

この本を縁に、あなたに安らぎと、人生のさらなる可能性が開かれますことをお祈りいたします。あなたが神の子であることに気づき、あなたが目覚め、自分を信じて生きていくことができますように。そうしてあなたにヒマラヤからのアヌグラハが届けられるでしょう。

あなたの真の成長は、あなたの魂の願いです。あなたが目覚めることは、人類全体の覚醒につながっていくのです。この本が、あなたの魂の願いの後押しになりますように。

２０１４年４月

ヨグマタ　相川圭子

新装版あとがき

人は常に心身を働かせ、がんばっています。人生が川の流れのように動いていきます。この流れが美しく楽になりますように、私が書かせていただいた『瞑想のすすめ』が、あらたに新装版として出版されることになりましたことをうれしく思います。

瞑想はヒマラヤ聖者が発見した真理に至る営みです。その実践は人生を美しく内側から輝かせるものです。ヒマラヤ聖者の教えは、瞑想をはじめとする真理の叡智の教えと実践です。はるか昔に生まれてもなお、古くなることがない、常に人々に希望を与える最高の教えです。常に人の意識を進化させ、愛と平和と叡智に満ちた神聖な人を作り、悟りに導くことができる史上最高の実践の教えなのです。

ここ数年、世界に新型コロナウイルスが蔓延し、加えて戦争が起きて人々の心を計り知れない不安に陥れました。また経済の不安も続いています。常に世界は変化し、人々の心も変化していきます。その波はずっと続くでしょう。心の性質は常に不安と希望との間を揺れ動いていくものです。また動きながら自己防衛し、その揺れに逆らうことでさらに大きな揺れを起こし、右へ左へと揺れ続けていきます。そうして人が自己防衛を重ね、そのエゴが肥大することで、この地球はさらに平和から遠のき、人はただ人工的で一時的な心の喜びを引き出し、ごまかしながら生きるのみなのです。

こうした時代だからこそ今このヒマラヤ秘教の教えが必要です。そしてみんなが源の愛からやってきた波動を受け続け、知恵を得て実践していくことで、どんな不安も消し去り、平和を作ることができるのです。この世界を良くするには、人の知識ではなく見えない無限の力、神聖な力が必要なのです。そして立ち止まることです。ただ知識でいっぱいのエゴで曇った心を振りかざしても、本来のセンサーが働かず、何もわからないのです。皆さんがこの本をきっかけに立ち止まり、疑う気持ち、こだわり、競争心、あらゆる感情を脇に置いて、ヒマラヤ秘教の源の不滅の存在をぜひ知っていただきたいのです。

さらにあなた方が満ちる存在になる、動かない存在になる、愛の存在になる、純粋になることです。この本で紹介するヒマラヤ聖者からの瞑想がそのための第一歩となります。そしてさらに一歩進んであなたがディクシャをいただき聖なる音の波動を受けられることを願っています。それはあなたをしっかりと源につなげ、より良い質に変容させていくでしょう。そしてあなたの願いを叶えていくことができるのです。

あなたは愛を出し捧げていきます。あなたはエゴを落とし、この世界に愛を咲かせていくのです。布施や奉仕を捧げることでエゴや欲望が落ちて、地球にやさしく、みんなが調和し平和になり自然の力が満ちるのです。破壊から創造に、みんなの体と心が軽やかに愛に満ち、知恵に満ち、目覚め、平和になります。すべてが自然でストレスなく助け合って満ちていくのです。

この本をきっかけとして、あなたの人生が美しい流れとなりますように、あなたが真理に出会いますように。

２０２３年12月

ヨグマタ　相川圭子

【著　者】

ヨグマタ 相川圭子（よぐまた あいかわ・けいこ）

女性で史上はじめて「究極のサマディ（悟り）」に達した、現在世界で会えるたった2人のヒマラヤ大聖者（シッダーマスター／サマディヨギ）のひとり。仏教やキリスト教の源流である5000年の伝統をもつヒマラヤ秘教の正統な継承者。1986年、伝説の大聖者ハリババジに邂逅。標高5000メートルを超えるヒマラヤの秘境で、死を超える究極のサマディ修行を行い成就。神我一如に何日もとどまる最終段階のサマディに到達、究極の真理を悟る。1991年から2007年にかけて、計18回インド各地で世界平和と真理の証明のため公開サマディを行い、その偉業はインド中の尊敬を集める。2007年、インド最大の霊性修行の協会「ジュナ・アカラ」より、最高指導者の称号「マハ・マンダレシュワル（大僧正）」を授かる。日本をはじめ欧米などで法話と祝福を与え、宇宙的愛と叡智をシェア。サマディからの高次元のエネルギーと瞑想秘法を伝授、指導。真の幸せと悟りのための各種研修と瞑想合宿を開催し、人々の意識の進化と能力開発をガイドする。2016年6月と10月、2017年5月には、国連の各種平和のイベントで主賓としてスピーチを行う。2019年8月にはヨグマタ財団（インド）がインド政府の全面的な協力のもと、ワールドピース・キャンペーン・アワード（世界平和賞）を開催。2023年6月にNY国連本部で開催された国際ヨガデーの式典ではインドのモディ首相に祝福を与える。

著書は『ヒマラヤ大聖者が伝える 心と心をつなぐ言葉』（毎日新聞出版）、『100年人生を好転させる ヒマラヤ大聖者が導く年齢にとらわれない生き方』（中央公論新社）、『自由への扉』（光文社）、『The Road to Enlightenment: Finding The Way Through Yoga Teachings and Meditation』（Kodansha USA）など多数。さらにテレビ・ラジオでも、人生が豊かで幸せになる新しい生き方を伝えている。TBSラジオ「相川圭子 幸せへのメッセージ」にレギュラー出演中。

問い合わせ先

ヨグマタ 相川圭子主宰

サイエンス・オブ・エンライトメント

電話 03-4405-1312（平日10時〜20時）

ヨグマタ 相川圭子公式サイト

https://www.science.ne.jp/

サイエンス・オブ・エンライトメント公式X

https://twitter.com/himalaya_siddha

心《こころ》を空《から》っぽにすれば、人生《じんせい》はうまくいく

ヒマラヤ大聖者《だいせいじゃ》が教《おし》える 瞑想《めいそう》のすすめ

2024年2月29日　初版第1刷発行

著　者　相川圭子《あいかわけいこ》
発行者　小川 淳
DTP　株式会社 RUHIA
校正　ペーパーハウス
編集担当　小澤由利子（SB クリエイティブ）
発行所　SB クリエイティブ株式会社
〒105-0001　東京都港区虎ノ門 2-2-1
印刷・製本　中央精版印刷株式会社

本書をお読みになったご意見・ご感想を
下記 URL、または QR コードよりお寄せください。
https://isbn2.sbcr.jp/24866/

ISBN978-4-8156-2486-6